성상과 우상

聖像과 偶像

성상과
우상

그리스도교 이미지 담론

이정구 지음

그리스도교는 구약시대부터 '신성한 것에 대해 보거나 상상해서 그린 그림이나 조형물'을 좋아하지 않았다. 이것은 유일신 이외에 신성을 형상으로 제작함으로써 그 물성을 포함하여 다른 신도 섬길 수 있다는 위험 때문에 금지시킨 이유도 있지만, 무한한 신성을 유한한 그림이나 조각품 안에 가둔다는 것을 용납할 수 없기 때문이었다. 그러나 무한하신 신을 은유로 표현하는 것도 유한한 문자 안에 가두는 것에 다름 아닐진대, 그리스도교는 이 점에 대해서는 관대함을 넘어 수사학적인 기술을 적극적으로 장려했다. 성서가 문자로 수려하게 기록되어 있기는 하지만 초기, 중세 수도승들과 화가들은 신에 대한 표현 욕구를 참지 못했으며, 또 문맹자를 위한 교육용이라는 이유로 그림과 조각 같은 시각매체를 생산하였다. 이로 인해 8세기 동방교회 안에서는 성화상 논쟁이 발생했으며, 종교 개혁기에는

'오직 말씀'으로라는 슬로건 아래 이러한 시각적인 성상들은 교회 밖으로 철거되거나 파괴되는 수난을 겪어야만 했다.

교회 역사를 보면 성화상을 옹호하던 기독론자들은 예수 그리스도는 신의 살아 있는 성화 상이라고 주장하기도 했다. 성화상에 기적사화를 붙여 이것을 독과점으로 제작·판매하여 부를 축적한 수도원도 있었으며, 이 수입원을 쟁취하려는 교회와 수도원의 갈등도 불거졌다. 그러나 거룩함은 도처에서 제작되었다. 성화상뿐만 아니라 비잔틴, 로마네스크, 고딕 양식의 엄청난 건축 외형과 그 규모가 그랬고, 사제들의 복식과 교회 안의 장식들이 그러했다.

권력자는 자신의 시각 이미지를 조작하거나 남용하여 자신의 욕망을 채워갔으며 이런 일은 현대 교회에서도 진행 중이다.

그리스도교에서 어떤 시각 이미지들은 장구한 세월 동안, 양식과 생산이 일정하게 반복되면서 하나의 상징으로 자리매김하였다. 이러한 이미지들이 우상인지 상징인지는 교리로 따져서 판결할 수 있는 것이 아니다. 몽니의 재단이 이미 교회 역사 안에서 수없이 반복되었다. 칼뱅 또한 이미지에 대해 신학적 이해가 무지하여 성상을 배척했던 것도 아니었다. 오히려 이러한 이미지들에 대해 무지한 것은 현대 교회의 목회자들과 신앙인들이다.

이 책은 최근 학회에 발표했거나, 한국연구재단 학술 등재지에 투고하여 게재된 논문들 중에서 '그리스도교에서의 시각 이미지'에 관한 주제를 다룬 글들을 모은 것이다.

이 책의 글들은 일곱 개의 다른 주제를 담은 것이지만 성화상 논쟁과 그리스도의 몸에 이르기까지 그리스도교에서 역사적으로 시각 이미지를 어떻게 이해해왔으며, 어떻게 해석하고 어디에 어떻게 활용할 수 있는지에 대해 이해를 돕는 글들이다. 교회는 부동적인 교리 숭배로 인해 시각 이미지를 배척하거나 두려워할 필요는 없으나, 이미지에 대한 신학적 담론에는 무지한 채 이것을 조작하거나 남용하는 일은 조심해야 한다. 모쪼록 이 책이 그리스도교 안에서 시각 이미지에 대한 주제들에 대해 관심이 있는 신학도들과 일반인들에게 작은 안내가 되었으면 하는 바람이다. 불경기에 선뜻 출판을 응해준 도서출판 동연의 김 사장님과 직원들께 깊은 고마운 인사를 드린다.

2012년 3월 사순절에

항동골에서 이정구

차례

제3부 이미지의 세속화

제1부

ㆍ
ㆍ
ㆍ
ㆍ
ㆍ
ㆍ
ㆍ
ㆍ
ㆍ

종교와 이미지

관상과 해몽 :
민중신학의 대중화를 위한 민중미술 읽기

I. 머리말

　이 글은 도상 읽기에 관한 것이다. 그러나 서구의 축적된 도상 해석 방법(iconology, iconography)에 의존하는 것이 아니라 예부터 오늘까지 한국에서 유통되고 있는 사람의 관상을 보는 통례에 따르려 한다. 서구의 도상 해석학이란 도상학자마다 그 방법론이 각기 다르지만 기독교 도상학은 성서를 텍스트로 하는 것이 그 기본이다. 이를테면 성서에 따라 그 도상의 내용을 읽어내고 그 다음에는 그 도상에 나타나는 도구와 배경의 감추어진 상징적 의미를 찾아 해석하는 것이다. 이를 위해 그 도상이 그려진 시대의 교회와 신학 및 문화사적 배경은 물론 익명이 아닌 경우에는 작가의 전기 연구와 라틴어

까지 습득해야 한다.

　관상학[1]은 아직 학문으로서 체계를 갖춘 분야는 아니다. 오늘날 소위 학문으로서 인정받을 수 있는 자격은 그 분야의 학술적 체계와 연구 방법론이 서구식의 논리성과 합리성, 혹은 공리성을 갖추고 있는지의 여부와 그리고 이것에 대한 실증 과학적인 검증을 거치는 역사적 과정의 여부를 가려서 부여받는 것이 통례다. 고대부터 중국을 비롯한 한국에서 학자들이 연구해왔던 주역, 노장사상, 유학과 같은 동양 철학과는 달리 관상학은 풍수와 함께 서자 취급을 받아오던 잡술에 불과한 분야였다. 그러나 풍수는 최근 몇몇 학자들의 노력으로 상당 부분 학문으로서의 틀을 갖추어 나가고 있는 것에 비해 관상학은 서구식 학문 범주 안에 진입하기 위해서는 아직 요원한 구석이 많으며 또 관상학의 학문적 체계를 위해 노력하는 사람도 아주 드물다.

　관상학도 굳이 서구식 학문으로 인정받고자 한다면 그 가능성은 열려 있다. 그것은 형질 인류학이나 지리학에서의 '인종 골상학' 분야와 조우하는 길이다. 관상학이란 일정한 지리 공간적, 역사적 틀 안에서 형성되어 변화된 인간의 골상을 텍스트로 삼는다. 일정 지역에서 일정 기간 동안 거주하고 있는 사람들은 사회생활 속에서 상호 인간관계 체험을 하게 된다. 그뿐만 아니라 한 골상(사람)의 어린 시

---

[1] 관상(觀相, physiognomy) : 사람의 상을 보고 재수나 운명을 판단하는 일. 『표준 국어 대사전』(서울: 민중서관). 서양에서의 physiognomy는 신경계 조직, 감각기관 차이에 따른 행동 변이 따위를 연구하는 의학적이며 유기생물학적 의미로 대부분 사용되고 있다. 『브리태니커 사전』.

절부터 일정 기간에 걸쳐 형성된 인생 역정과 직업도 목도하게 된다. 물론 골상(사람)들에 대한 다양한 경험들의 결과에는 일정한 사회 안에서 형성된 경험자의 정서와 교육 정도에 따른 편견과 직관 따위가 작용할 것이다. 이렇게 수집된 결과물을 통계학적인 분석 방법에 따라 다양하게 조목(아이템)[2]을 만들어 비슷한 골상에 따른 공통된 경험 코드를 작성하는 것이다.[3] 이것을 위해서 일정 사회의 표준 골상이 설정될 필요는 없으며 이것은 이러한 결과물들에 의해 자연히 형성될 것이다. 일정 사회의 코드가 설정되면 관상의 사례들을 다른 사회 구성원에게 적용하여 기호학적으로 해석을 하는 방법이다. 이상은 관상학의 정립을 위한 필자의 방법론적 일고일 뿐이다. 이 방법론은 몸의 담론으로 확장될 수 있으며 한의학에서 일부 주장하고 있는, 사람의 체형에 따라 체질을 구분하여 치료 방법을 달리하는 사상체질 의학과도 상통하는 바가 있을 것이다.

꼭 한국인이 아닐지라도 사람들은 각자 편협하며 왜곡되게 축적된 주관적 대인 체험의 결과와 관상과의 관계 코드가 체험 강도에 따라 추상적으로, 혹은 구체적이며 강하게 형성되어 있다. 미녀에 대한 기준이 조선시대와 현대가 같을 수 없는 것처럼, 모든 지역과

---

[2] 기본적으로 다양한 성격(성질)별 직업별, 발병(病)의 종류 및 사고별 사망 나이 등으로 조목을 만들 수 있을 것이다.

[3] 한 사회 구성원들이 한 구성원을 대인 체험한 후에 '성질이 까다로운 사람'이라고 공통적인 결과물을 내놓았을 경우 그 사람의 골상의 특징을 조사해보니까 그 사회의 표준 골상보다 '코가 날카롭게 높다'는 결과물이 있다면, 높은 코는 까다로움이라는 등식의 코드가 형성된다. 역으로, 결과물에 따라 한 사회 안에서의 표준 골상은 자연히 형성될 수도 있다.

시대에 일정한 관상 코드가 곧바로 적용될 수는 없다. 예를 들면 크라나흐가 그린 루터의 초상화 중에는 얼굴에 기름기가 흘러내리고 아랫배는 볼록 나온 풍채 좋은 그림이 있다. 루터의 종교개혁을 시각적으로 도왔던 크라나흐와 루터의 관계를 생각하면 루터를 비하하기 위해 의도적으로 이런 초상을 그렸다고는 상상할 수 없다. 그당시 독일 사람들은 이 초상을 통해 루터를 성공적인 종교개혁가로서, 설득력 있고 자신감에 가득한 정치와 종교지도자로 보았음에 틀림없다. 그러나 루터의 전기와 당시 종교개혁 상황에 대한 지식을 괄호 속에 넣고 현대 한국인인 필자의 눈으로 볼 때 이 초상화에 나타난 루터의 모습은 탐욕스러운 사람으로밖에는 보이지 않는다.

그러나 관상 코드를 실제 생활에 적용하게 되면 사람에 대하여 선입견을 갖고 그 사람의 운명을 미리 결정해버리거나 사람을 차별하는 비기독교적인 행위로 전락될 위험성이 아주 높다. 또 관상에 의하여 사람들은 운명론이나 비관주의에 빠질 수 있으며, 어떤 노력도 없이 성공하려는 비윤리적인 길로 나아갈 수 있다. 이것이 관상학이 해결할 수 없는 중요한 부분이며 학문으로서 정립되기 어려운 결격 사유일 것이다. 이 점에서 관상학이라는 명칭보다는 관상론이 적합하다.

여기에서는 사람의 운명을 점치는 따위를 위하여 관상을 이용하고자 하는 것이 아니라 도상을 해석하기 위한 것에 제한한다. 카툰이나 풍자화에 나타나는 것처럼, 표현하고자 하는 어느 특정인의 특징을 선(형상, 골상)으로 표현하는 도상적 관상은 하나의 '이미지'로 보아야 한다. 이러한 이미지는 표현된 인물의 운명까지 드러낼 힘이 없다. 도상 인물이 초상화 수준을 넘어 대중에게 널리 알려진 정치적 인물이거나 시사성 있는 도상이라면 그 이미지를 통해 그 인물의 과거 행태와 성격, 기껏해야 앞으로 그 인물이 저지를 사건의 작은 예측 정도만 읽을 수 있을 뿐이다.

특히 민중미술가들이 공통적으로 즐겨 사용하는 형상성이란, 한국인들이 역사 안에서 공통적으로 체험하고 전승시켜가는 과정에서 형성된 관상적 도상 코드를 준거로 한다. 그리고 이 글은 사회학자나 신학자들이 정의해온 문서상의 인쇄체 민중을 재해석하는 것이 아니라 민중미술 작품에 나타나는 회화체의 민중을 이러한 관상 코드 방법으로 읽어보려는 시도다.

아직은 미숙한 관상학적 도상 해석이지만 앞으로 도상에 나타나는 동식물[4]을 포함한 상징적 요소들의 의미, 그리고 몸짓, 색깔, 볼륨, 조화에 이르기까지 연구 가능한 분야다. 또 이 방법론은 그동안 글씨만을 학문 표현의 도구로 사용해왔던 신학적 방법론과는 달리 누구나 할 수 있고 느낄 수 있는 시각적인 해석 방법론이다. 한편 특정 이미지에 대한 느낌이나 인상을 신학적으로 해석해봄으로써 민중신학의 대중화를 위한 운동의 한 방법으로 자리할 수 있을 것이다.

그 예로써 한 작품을 분석하고자 한다. 특히 민중미술의 대중화를

---

[4] 동식물도 모양이나 종류에 따라 그 특징을 구분할 수 있을 것이다. 예를 들면 장미와 채송화의 다른 느낌, 진돗개와 사냥개에 대한 체험을 통한 각기 다른 성질 특징을 세분하는 것이다.

위한 대표적 장르인 판화 작품 중에서 오윤의 작품에 나타나는 도상적 특징을 살펴봄으로써 회화체 민중을 인쇄체로 가늠하는 것이다. 회화체를 다시 인쇄체로 정의한다는 것이 이 글의 한계임에도 불구하고 이 작업을 하는 것은 인쇄체의 추상적인 민중의 개념을 조금 더 구체화하려는 목적 때문이다. 또 그동안 민중신학에서 민중의 사회전기, 민담에 관한 신학적 조명이 없었던 것은 아니나, 시각이미지에 대한 풀이가 아주 희소했을 뿐만 아니라 서구와는 달리 신학과 예술의 관계성에 관하여 무심했던 태도에 대한 반성의 작업이기도 하다.

II. 민중미술운동의 성격

한국에서 민중미술운동의 시작은 오윤을 중심으로 결성했던 1969년 '현실 동인'이다. 그러나 곧 무산되어 10년 후인 79년 9월 '현실과 발언 동인'[5]을 다시 결성하여 80년대 초반부터 본격적인 활동을 하였다. 1980년대는 한마디로 '민중미술의 시대'였다고 해도 과언

---

[5] 원동석은 "'현실과 발언'이나 민중미술운동은 1970년대의 모더니즘에 대한 반발로 시작되었는데 민중 이론가들은 후자의 현실 외면과 역사 의식의 부재를 공격하고, 민중미술은 '외세의 식민지적 사고와 절연한 민중의 토양 위에 자생한 것'이며 대외적으로는 제국주의 문화의 영향권으로부터 해방하려는 민족 문화의 기틀이며, 대내적으로는 계층적 지배관계의 구조를 벗어나 공동체 문화를 창조하려는 정당한 삶의 열망"을 의미한다고 주장한다. "80년대 미술의 새 흐름", 최열, 최태만 엮음, 『민중미술 15년 1980-1994』 (서울: 삶과 꿈, 1994), 15-21.

이 아니다. 1984년부터 사회 참여를 위한 민중 문화 단체가 결성되고, 현실로부터 소외된 미술과 삶을 창작과 수용의 문제로써 다룬 '삶의 미술전'이 열렸다.[6] 1985년 11월에는 미술가와 평론가 150명이 모여 '민족미술협의회'를 발족시키는데 이것은 "한국의 분단현실의 모순구조를 표현하면서 자주적이고 민족적인 미술 형식을 건설하기 위한 실천력"[7]을 꾀하는 것이었음에도 불구하고 1987년에 민중미술은 정부로부터 심한 탄압을 받는다.

이 시기는 무엇보다도 '한국의 민주화'라는 이념이 지배했던 때였는데, 민중 작가의 창조력도 당시의 정치 사회적 이념에 종속되어 이것을 구현하는 데 동인이 되었던 기간이었다고 할 수 있다. 이 시기에는 민주화라는 이념의 실천을 위해서 작가의 창조적 예술성보다는 사회주의 국가 미술처럼 이념 선전을 위한 전형성이 강조되었다. 민족민중적 정서를 담지하면서 전형성을 강조하다보면 색채와 선을 포함한 형상성은 획일성을 띨 수밖에 없는데, 민중미술에서 이러한 도상성은 대체로 고답적인 사실주의로 표현되었다.

우리나라 미술계에서 탈식민주의[8]가 논의된 것이 최근의 일이고 보면[9] 민중미술과 연관하여 수용과 민족주의, 반미주의의 이슈에 대

---

[6] 삶의 미술전은 젊은 작가 105명이 세 곳의 전시장에서 1984년 6월 5-12일까지 전시를 했다.

[7] 곽대원, "한국 근대미술의 본질과 80년대 민족미술운동", 『민중미술 15년』, *op. cit.*, 85.

[8] 1960년대 말경부터 프란츠 파농, 치누아 아체베 같은 사람들에 의해 시작되었고, 1978년 에드워드 사이드가 『오리엔탈리즘』을 출간했으며 한편 영국 버밍햄 대학의 '스튜아트 홀'을 중심으로 한 문화학파는 문화적 정체성이란 정체성의 본질을 찾는 것이 아니라

한 논의는 앞으로 가능하리라고 본다.[10] 특히 민중 미술은 미국이라는 체제를 저항으로서 배척해야 할 식민주체의 나라로 간주함으로써 식민사회를 이원론적 구조로 파악하는 프란츠 파농의 시각과 일맥 통하는 바 있다. 파농은 피지배 민족으로 하여금 '실제로 나는 누구인가?'[11]라는 질문을 되뇌도록 하고 있는데 이것은 오직 폭력적 저항을 통해서만 극복될 수 있다는 것이다. 따라서 그림의 소재는 저항적이거나 민족적인 것일 수밖에 없다. 80-90년대 민중미술에 나타나는 주된 소재들은 대체로 한반도, 태극기, 진달래, 농악, 탈춤, 통치자, 사장, 미국인, 일본인, 분노한 노동자, 열사, 폭력, 군무 등이었음이 이를 말해준다.[12] 당시 민중미술 작가들은 한국의 정치 · 경제 · 사회적 현상을 대중매체인 걸개 그림이나 벽화에 담아냈는데 정부는 이러한 그림들의 내용을 반국가 행위로 규정하여 많은 작가들을 투옥시켰으며 신학철은 북한을 찬양하는 그림을 그렸다는 정부 측의 해석으로 인하여 그의 작품이 고난을 받았다.

또 초기 민중미술운동 시기에는 그 운동의 주제가 명확했으므로 그 이념을 박진감 있게 표현하기 위하여 작가들은 대체로 선동적이

위치시키는 일이며 이것은 다양한 문화의 공통점과 차이, 혹은 존재와 변화의 두 축의 대화 속에서 이루어진다고 하였다.

[9] 한국종합예술학교의 강태희 교수가 "전후 한미관계와 미술의 탈식민주의"를 서울대학교의 정영목 교수가 "한국 근대미술과 문화식민주의"를 1999년 5월 15일 서양미술사학회 학술심포지엄으로 이화대학에서 각각 발표한 바 있는데 『서양미술사학회 글집』 제11집에 수록되어 있다.

[10] "Asian Art Now", *Art*, 2000. 2. 제5호(서울: 에이앤에이), 참조.

[11] 프란츠 파농, 『대지에 저주받은 자들』(광민사, 1979), 201.

[12] 임옥상, "이야기 그림, 역사화", 『민족미술』, 제4호, 1987. 7. 민족미술협의회, 36.

고 진취적이며 기성 화풍에 반한 전위적인 기법을 의도적으로 사용하였다. 대중성을 담지하기 위한 기법으로 최루탄을 맞고 죽어 가는 한 대학생(이한열)의 모습을 담은 흑백의 걸개 그림이나 들판에서 노동을 하는 주름살이 굵게 패인 농부의 얼굴들을 사실적으로 묘사했던 것이다. 한편 민족주의를 상징하는 진달래, 무궁화 등이 그림의 소재로 등장하면서 그 선과 색감이 부드럽고 다채로워졌으며 소위 이발소 벽면에서나 볼 수 있음직한 유토피아 풍경이 나타나기 시작했다. 표피적으로나마 한국 정치가 민주화되고 경제가 발전하자 운동 초기의 이념이 점차 희석됨과 동시에 민중들은 민중미술의 표현 양식이 매너리즘화되는 것에 실망하기 시작했다. 그 후 민중미술의 형상성은 그동안의 선정적이고 저항적인 전위성보다는 예술성을 담보하는 서정적인 것으로 변이되기 시작했다. 이것은 노랫가락에서 점차 서정적이며 감정에 호소하는, 어느 정도 예술성과 대중성을 담보하는 곡조로 변화를 해온 것과 비슷하다.

민중신학도 미술과 마찬가지로 노동자들의 삶, 군사 독재, 자본주의, 분단, 폭력 등의 소재에서 민담, 평화, 남북통일의 문제로 전이되어 나타났다. 미술과 신학이 서로 다른 두 장르임에도 불구하고 공통적으로 나타나고 있는 주제는 대체로 '고난'과 '해방' 즉, 가난, 억압, 종속으로부터의 탈출이라고 할 수 있다.

한국의 독재 정치, 기형화된 자본주의 상황하에서 해방신학과 더불어 풀어낼 과제가 명확했던 민중신학의 제1세대들의 글쓰기 방식이 서구적인 틀에서 벗어나지 못했던 것은 민중미술 평론가들의 글쓰기에서도 마찬가지였다. 그러나 민중미술 작가 1세대의 화풍은 비록 고답적인 사실주의 양식에 머물렀다 할지라도 그들은 '탈서구화'로써 민족민중적 정서를 담아내는 한국 전통의 화법을 채용한 형상성을 창조했다고 평가할 수 있다. 민중교회의 목회자들도 신학자들과는 달리 서구식 설교의 틀을 벗어나 이야기식으로 민담이나 노동자들의 체험을 신학적으로 담아내었다. 민중교회 목회자들은 미술에서의 형상성에 비유할 수 있는 설교 양식을 그동안 논술 형식의 틀에 박힌 기성 신학자들의 서구식 글쓰기 방법에서 탈피하는 전위성과 그리고 대중성을 확보하기 위한 민중성을 담지하기 위하여 한국 고유의 민중 언어인 '이야기식 사랑방 담화'[13]로 변이시킨 바 있다. 여기에서 글쓰기를 하는 평론가와 신학자, 창작을 하는 미술작가와 민중교회 목회자를 서로 유비할 수 있을 것이다.[14]

1987년 '민족민중미술운동전국연합' 창립선언문에는 다음과 같은 글이 있다.

"역사는 묻고 있다. 민중의 편에 서서 참된 예술가의 삶을 살 것인가, 아니면 제국주의의 하수인으로 전락하여 사대주의 미술가로 살 것인가를 말이다. 민족해방에 복무하고, 민중의 이익에 봉사하는 미술운동의 새

---

[13] 강영선, "민중신학과 설교", 『민중신학 입문』, 민중신학연구소 (서울: 한울, 1995), 209-27.
[14] 미술에서는 평론가와 작가가 분리되지만 신학자들은 설교도 한다. 그러나 여기에서는 신학자로서의 민중교회 설교자가 아닌 민중교회 전담 목회자를 의미한다.

시대를 열어 나가자!"[15]

즉, 제국주의(미국)를 타자로서, 악의 표상으로 삼아 대립을 고착
화하고 혼합주의를 거부하며 민족주의와 같은 그룹의 동질성으로
되돌아가는 것이었다.[16] 이러한 추구는 한국의 옛 미술인 무속화와
불화, 민화, 풍속화, 풍자화에 관심을 갖게 하였다.[17] 동시에 대중이
향유할 수 있도록 판화, 벽화, 만화의 형식으로 미술을 보급하기 시
작했다. 이 점은 민중교회가 설교를 우리식의 이야기로 풀어내는 것
과 유사하다고 할 수 있다.

  미술품이 민중의 일상 생활과는 무관하게 중산층의 재산 증식이
나 교양 혹은 문화적 과시 수단으로 이용되고, 신학 또한 십자가적
인 삶과는 관계없이 신학자들만의 지식 논쟁으로 발전하는 것과 마
찬가지로 민중예술 이론과 민중신학 이론도 초기에는 정치적으로
수난을 당했던 몇몇 미술 평론가와 신학자들의 독점물이었다. 민중
운동 과정 중에 이념의 실현을 위한 방법에 있어서 이론(학자)이 현
장(작가)에 앞섬으로써 이론과 삶의 현장은 서로 괴리되기 시작했으
며 이 벌어진 틈새에서 민중미술, 민중신학은 무엇을 위한 것인가라
는 근본적인 질문을 하기 시작했다.

---

[15] 1987. 12. 17.
[16] Abdul Jan Mohamed, "The Economy of Manichean Allegory", *Critical Inquiry* 12,
   1985, *The post-colonial studies reader*, 18–23에서 재인용.
[17] 라원식, "80년대 미술의 점검과 90년대 미술의 전망", 『미술세계』, 86호 (1992. 2),
   145.

이러한 질문이 동인이 되어 민중신학, 민중미술의 참 수용자는 민중이라는 것을 재인식하면서 평론가와 작가, 신학자와 목회자는 운동을 위한 상호 관계를 잠시 회복하는 듯하였다. 특히 신학을 '교회를 위한 학문'으로 규정할 때 민중신학이란 민중교회를 위한 학문이 되는 것이다. 그러나 민중신학이 민중교회의 현장과 괴리된 정치신학으로 발전하자 민중교회 목회자들은 그들대로의 모임을 결성하고 독자적인 노선을 걷기 시작했다. 이러한 시행착오를 거치는 중에 한국에 민주화가 왔고(?) 중산층이 형성되면서 민중미술, 민중신학의 제1세대가 모토로 삼았던 이슈들이 희석되기 시작했다.

사회학자 조희연은 1970년대의 민중은 억압되고 소외된 존재였으며 80년대는 정치·경제체제를 혁명적으로 극복하려는 존재인데 모두 노동자 계급이 중심이라는 의미가 담겨 있다고 주장한다.[18] 그는 그동안의 민중운동이 계급적 대중운동으로서의 적극적인 실천 부재를 지적하면서 그 대안으로서 민중적 정신을 이어받는 시민운동을 주장하였다.[19]

1990년대에 들어서 민중신학도 정치경제의 변화와 함께 새로운 대안과 다양성을 모색하기 시작하였다.[20] 특히 통일, 여성, 생명, 한국의 문화전통에 대한 연구, 환경, 인종, 제3세계 노동자 문제에 이르기까지 민중신학의 과제로 삼는 일이었고 이 연구는 지금도 유효

---

[18] 조희연, 『한국의 민주주의와 사회운동』(서울: 당대, 1998), 233-34.
[19] 같은 책, 221-22(footnote, No. 1).
[20] 『신학사상』, 1993년, 겨울호, No. 83.

하게 민중신학자들이 민중교회 목회자들과 협동하여 꾸준히 연구, 발표하고 있다. 그러나 민중신학에 있어서 과제는 예술을 위한 예술, 신학을 위한 신학이 아닌 신학의 대중화, 시민화라고 할 수 있다. 현장이며 동시에 시민운동으로서의 민중교회를 통해 신학과 실천을 대중화하는 일이다. 그동안 민중교회도 실천과 교회 성장이라는 이중적 부담을 갖고 민중성의 토대 위에 신앙 공동체를 세우고자 힘써왔으나 역부족이었다.[21] 미술가가 창작하고 민중은 감상한다는 이분법에 반대하여 대중 스스로 그림 그리기 시민 미술학교를 설립하고 미술의 대중화를 위해 판화를 선택했던 것처럼, 민중신학도 대중 스스로 신학하고 실천하기 위한 민중교회를 설립하고 대중화를 위해 프로그램을 개발해야 하는 것이다. 이제는 신학자 운동에서 신학의 대중화 운동으로 발전해야만 한다. 이것을 위한 한 방법으로서 민중신학과 민중미술의 관계를 말하는 것이다.

III. 꿈보다는 해몽

서구는 도상학을 포함한 '기독교 신학과 예술'에 관한 연구의 긴 역사를 갖고 있다. 여기에서는 무엇이 기독교 혹은 교회 미술인지, 또 기독교 미술이란 무엇이며 기독교 미술에 대한 신학적 이해는 어

---

[21] 노창식, "민중교회의 역사와 방향", 『민중신학입문』, 41-42.

떻게 가능한 것인지에 대한 논의는 다른 문제이기 때문에 다루지 않는다. 기독교 작가라면 말씀의 형상화를 구현하고자 하겠지만[22] 불행하게도 한국의 기독교 민중미술 작가는 아주 극소수에 불과할 뿐이다. 또 한국의 대다수 민중미술 작가들은 기독교 신자가 아니다. 민중미술 작품에 나타나는 내용도 직접적으로 기독교와 관계가 없다. 그러나 작품에는 작가가 살아가는 시대의 정신이 녹아 있으며 작가의 사회전기가 담겨 있는 것이다. 작품에는 사건을 사실적으로 묘사한 내용도 있지만 민중이 바라는 이상 사회도 있다. 작품은 그 사회와 유리될 수 없는 시대정신이 반영되기 때문에 작품에 나타나는 형상을 해석하는 것이 무엇보다 중요하다. 비록 기독교 작가가 아니라도 그들의 작품에는 종교적인 성스러움과 아름다움, 민중미술로서의 선전과 고발, 풍자와 해학이 있다. 중세기 성화나 렘브란트의 작품에서만 하느님을 만나는 것이 아니라 밀레의 농민화, 도미에르(Daumier)의 풍자화, 고야(Goya)의 괴물, 그리고 피카소(Piccaso)의 게르니카(Guernica), 케테 콜비츠(Kathe Kollwitz)와 노신의 목판화에서도 신을 만날 수 있고, 멕시코와 인도와 한국의 민중미술에서 말씀의 형상을 체험할 수 있는 것이다.

---

[22] 최근 한국가톨릭미술가협회는 한국 가톨릭 미술 역사 50주년 기념 일환으로 '새 날 새 삶 대희년 미술'이라는 주제로 2000년 2월 11-21일 예술의 전당 미술관에서 전시회를 열었다.

1. 해몽

한국 속담에 '꿈보다는 해몽'이라는 말이 있다. 프로이트식의 꿈 해석과는 다른 한국 고유의 독특한 꿈의 도상이 있는 것이다. 언제부터 이러한 도상이 형성되었는지는 알 수 없지만 예를 들어 꿈에 돼지를 보았다면 그것은 재물 복을 의미했으며 사람의 시체를 보면 운수가 좋다고 했다. 대체로 현실에서 느낌이 좋지 않은 게 꿈에 나타났을 때 현실에서는 반대로 좋은 것으로 실현된다고 해석해왔다. 이러한 해석은 빈부를 막론하고 모든 백성이 긍정적으로 삶을 살아가는 지혜였다고 하겠다. 꿈(사건)도 중요하지만 그 꿈(사건)을 해석하는 해몽이 더 중요한 것이다. 인물화인 경우에는 한국인이면 누구나 직관과 느낌으로 읽어낼 수 있는 '관상을 보는 것' 같은 도상 방법을 사용하여 '꿈을 해몽' 하듯 하고자 한다.

2. 오윤

오윤은 1969년 민중미술의 효시라 할 수 있는 '현실 동인'의 결성을 시도하다 무산되자 1979년 태동한 '현실과 발언' 동인 중의 한 사람이었다. 그는 한국 미술계가 미국을 중심으로 한 서구식 미술사조에서 벗어나지 못하고 있는 현실을 극복하기 위하여 한국과 정치적 상황이 비슷했던 변혁기의 멕시코 미술에서 민중미술에 대한 힌트를 얻었는데, 이것은 한국 민중신학자들이 남미의 라틴 아메리카

해방신학에서 영향을 받은 것과 경로가 비슷하다고 할 수 있다. 오윤은 '현실 동인' 제1선언문에서 밝혔듯이 "민예의 전통을 창조적으로 계승하며 우리의 현실과 시대적 삶에 뿌리를 둔 현실주의 미술을 개척하자"라는 이념에 따라 가장 한국적인 기법으로서 한국의 전통 목각화의 기법을 택했다고 할 수 있다.

그의 1983년 흑백 목판화 작품 '애비와 아들'(34.5cm×35cm)에 나타난 아버지는 화폭의 4분의 3을 차지하고 있는데 머리가 짧고 이마가 뒤로 젖혀졌으며, 볼이 깊게 패이고 광대뼈가 나온 작업복 차림을 한 모습이다. 성서에는 사람 얼굴의 표정이나 방향에 대한 상징적인 의미는 담겨 있으나(삼하 19:4, 출 3:6, 민 12:14, 6:25, 렘 2:27) 골상에 관한 것은 나타나지 않는다. 한국인 골상의 특징은 몽골족으로서 광대뼈가 발달해 있다. 특히 그림에 나타나는 애비와 같은 관상을 가진 사람은 대체로 부모덕을 받지 못하여 유산도 없고 일정한 교육도 받지 못한 관계로 좋은 직업도 가질 수 없어, 재물 복에 대한 큰 희망 없이 육체노동으로 가정을 꾸려갈 수밖에 없는 사람이다. 그러나 이 얼굴은 민중의 탐욕 없는 얼굴이며 한국의 숫자 경제에서 거품을 뺀 순수자본의 국가 얼굴을 의미하는 듯하다. 아버지의 유일한 희망이라면 그것은 자신의 박복함을 자식에게 물리지 않도록 하기 위해 자식을 교육시키고 또 가정을 꾸려나가기 위해 몸이 아프지 않는 것이다.

오윤의 작품에 나타나는 아버지도 멋을 내고 싶은 욕망을 갖고 있는 보통의 사람이다. 그러나 현실은 그것을 허락하지를 않는다. 머리카락[23]이 짧은 것은 멋을 내기 위한 게 아니라 일의 능률을 위해서이며, 한편 이발소에 가는 횟수를 줄여 머리를 치장하는 데 드는 경비를 줄이기 위한 방편이다. 아가서에 나타나는 히브리인들은 검고 곱슬거리며 긴 머리카락을 아름답다고 했으며(아 4:1, 5:11), 삼손은 하느님으로부터 머리카락을 통하여 힘을 받았다(삿 16:19). 또 짧은 머리는 예수의 초상에서조차 나타나지 않는다. 짧은 머리는 비천함과 수치와 모욕을 의미한다. 예로부터 한국에서도 유교의 관습에 의해 부모가 준 머리카락을 자르지 않는 것이 상례였다. 짧은 머리는 일제 강점하에 군국주의를 상징하는 머리 양식으로서 지금도 몇몇 젊은 연예인들 외에는 회피하는 머리 모양이다. 그림의 아버지는 일제의 군국주의 문화를 무의식 중에 이어받고 산업화와 자본주의 사회경제 체제에서 뒤로 밀려난 민중이다.

그러나 화폭에서의 아버지는 주체자로 우뚝 서 있다. 그림에는 나타나지 않지만 기득권자들의 만행이거나 아니면 놀라운 어떤 사건을 현장에서 직접 목도하지만 그 자리에서 무엇 하나 할 수 없는 힘없는 증인일 뿐이다. 예수의 십자가 사건의 직접 증인들도 당시 아무런 힘이 없는 민중들이었지만 그들이 바로 기독교를 계승시켰던 주체자였듯이, 이 아버지도 한국의 역사와 경제를 제일선에서 이끌어온 주체자인 것이다. 아버지의 얼굴은 비록 이지적으로 보이지는

---

[23] 동양인에게는 머리카락이란 영혼을 지니고 있는 것으로 상징되어 특히 손톱, 이빨과 함께 죽은 자의 유품으로 널리 보관되고 기념되어왔다. 여성들은 머리카락을 생명만큼 소중히 여기기도 했다.

않지만 단단함이 있으며 일의 순서를 경험과 직관으로 판단하는 목수와 같은 슬기가 얼굴선에서 엿보인다.

굵은 목의 강인함을 드러내며 넓은 가슴은 지나온 그의 인생에서 겪은 고난이라는 한을 담고 있는 것 같다. 그러나 모든 것을 수용할 수 있는 넉넉한 가슴이다.

한밤에 어떤 놀라운 충격적인 사건을 피하지 않고 똑바로 목격하고 있는 순간의 측면 표정에서 공포와 긴장, 삶의 시간과 공간이 동시에 갑자기 멈춰 서 있는 것을 읽을 수 있다. 이것은 카오스다(창 1:1). 한편 아버지의 코와 턱 사이를 횡단하는 하얀 공간은 화폭의 구성이기는 하지만 한편에선 하늘과 땅을 나누는 빛이며(창 1:3) 동시에 세상과 삶의 차단이다(눅 23:45). 아버지가 목도하고 있는 이 한밤중의 사건은 분명히 한국 민주화의 밑거름이 되었던 1980년 광주 민중 항쟁임에 틀림없다. 이러한 시련과 고통을 참은 후에(약 1:5, 5:11, 벧전 3:14) 민중에게 찾아오는 복이 바로 민주화라는 해방이다. 동시대에 살고 있는 관객은 이 작품을 통해 민중을 만나고 또 자신의 정체성을 확인하며 민중과 연대하는 것이다.[24]

그의 우악스러운 오른팔은 왜소한 아들의 왼쪽 어깨를 감싸고 있는데 그것은 외부의 충격에 자식을 보호하는 애비의 본능적 행위이며 이러한 든든함이 애비의 팔을 통해(출 6:1) 자식에게 전해지는 것이다. 반면에 자식은 아버지의 희망이다. 애비의 굵고 큰 투박한 손

---

[24] 이것과 비슷한 공감대를 형성할 수 있는 영화로는 이창동 감독의 '박하사탕'이 있다.

가락은 세상에서의 고된 육체노동의 이력을 말해주며 큰 손은 관용과 베풂을 의미한다.

자식은 짧은 머리로 보아 당시 이런 모양으로 머리카락을 잘라야 했던 중학생으로 여겨진다. 아버지보다는 훨씬 부드러운 이마 선과 도톰한 볼이 아버지 세대보다는 조금 더 밝은 미래를 암시하고 있다. 아들의 고집스럽게 치켜진 눈매는 험난한 세상을 살아갈 각오가 된 생명력 있는 야무진 민중의 아들이다. 안겨 있지만 안겨 있지 않은 아들의 일직선의 어깨선에서 독립심과 강한 자의식을 볼 수 있다. 이제 민중은 아버지 외에는 더 이상 그 누구에게도, 그 무엇에도 의존하지 않는다.

유난히 큰 두 부자의 귀는 듣기만 할 뿐 말 못 하는 민중을 반영한다. 발 모양 같이 생긴 아버지의 귀는 그의 땅바닥 체험을 암시한다. 이 부자는 민초처럼 살아남을 것이다.

단순하면서 투박하고 명료한 흑백의 목판화는 딱딱한 표면 밑에서 우러나오는 강한 암시를 준다. 민중미술의 1세대였던 오윤은 대중언로가 검열을 받거나 차단되고, 복사조차 통제되고 있던 시절에 탈화랑(갤러리)하여 일반 대중과 가장 가까이 만날 수 있는 수공 제작의 단색 판화를 통해 시대를 고발하였다. 그가 민중을 그림의 주제로 내세웠던 건 바로 민중이 역사의 주체임을 선언하는 것에 다름 아니었다. 오윤의 민중은 현실이 암울하지만 힘과 생명력을 내재하고 있는 희망의 민중이다.

IV. 맺는 말

작품 해석을 관상을 보듯이 하는 것에는 한계가 있음에도 불구하고 오윤의 '애비와 아들' 작품으로 무리하게 시도했다. 늦게나마 우리식대로 해석을 해보자는 데 의미를 두고 싶었다. 조한혜정은 "자신의 문제를 풀어 갈 언어를 가지지 못하는 사회, 자신의 사회를 보는 이론을 자생적으로 만들어 가지 못하는 사회"[25]는 식민지라고 규정한다. 이미 상당 부분 서구 문화가 우리 문화가 되어 있고 서구 학문이 우리의 학문이 되었다. 민중신학에 관해 새삼 언급할 필요가 없지만 이러한 작업을 하는 건 조선시대 이전의 우리 문화와 학문으로 되돌리자는 것이 목적이 아니다. 그러나 전통으로부터 새로운 걸 찾아내면서 어떻게 국수주의에 빠지지 않을 것인가를 고민하는 게 곧 탈식민주의적 사고를 하는 방법이라 생각한다.

호미 바바[26]는 모든 사회, 집단 문화 안에서 작용하는 힘의 역학은 일방적인 게 아니며 사이드가 주장하는 것처럼 서구의 일방적인 힘에 따라 동양이 창조된 것이 아니라는 애매한 혼성론[27]을 주장한다.

---

[25] 조혜정, "글 읽기와 삶 읽기", 『또 하나의 문화』(서울: 또하나의문화, 1992), 22.

[26] 압둘 잔모하메드, 호미 바바, 가야트리 스피박의 초점은 식민 상황을 파농의 이원론적 대립구조를 오늘날 어떻게 새로운 시각으로 재해석할 것이며 또한 이 대립구조는 어느 정도 절대성을 지니는 것인가 또 그것은 해체될 수 있는 것인가, 그리고 이 둘 사이의 힘은 어떻게 흐르고 있는가에 맞춰져 있다.

[27] 호미 바바는 모든 형태의 정체성이란 이미 식민과 피식민의 상호 의존적인 혼성체로 존재한다고 주장한다. 특이 문화접변이 일어나는 식민지에서의 모방적 인간은 타자로서의 특성을 유지한 애매한 모방을 일삼는다는 것이다. Homi Bhabha, "Of Mimicry and Man: The Ambivalence of Colonial Discourse", *October* 28, 1984, 125-33; 강태희,

해방 후 1950년대 한국의 앵포르멜 작품을 호미 바바의 모방의 예로 볼 것인가 아니면 미국에 대한 한국 작가들의 의식의 문화 식민지 현상으로 수용한 양식으로 볼 것인지에 대한 논의는 계속 가능하리라 본다. 아무튼 민중미술이 분명히 반미 정서에 대한 시각적인 대변이었음은 말할 나위가 없는데, 파농의 민족주의가 아니라면 민족의식이란 것이 과연 민족주의 없이 가능한지 의문이지만, 탈식민주의란 궁극적으로 모든 힘의 불균형과 개인 간의 차별의 불식을 목표로 하는 것이니만큼 민중신학이나 민중미술 모두 투쟁을 넘어 타자와 더불어 사는 방법을 모색하는 방향으로 열려야 한다. 서구의 문화와 지식 또한 서양이라는 한 지방의 산물일 뿐이다. 민중신학과 민중미술도 이런 시각에서 겸손히 재해석해볼 필요가 있다. 동시에 '글로벌'이라는 새로운 세계 질서에서 각국의 특수성, 독창성을 강요받는 새로운 오리엔탈리즘은 옛날보다 그 음모가 더 고약하다. 이제 디지털 미디어 시대에 민중신학과 민중미술의 자리 매김은 더 어려운 담론으로 거론될 것이다.

"전후 한미관계와 미술의 탈식민주의", 『서양 미술사학회 글집』 11호, 1999, 238-39에서 재인용. 또 그는 이것을 존재의 환유(metonomy of presence)로 설명하는데, 이것을 다시 은유와 환유로 구분한다. 예를 들면 환유적 기능만 남은 사람(환자)은 '검다'라는 것 대신에 '죽은'이라고 하며 은유적 기능만 남은 사람(환자)은 낱말의 순서가 바뀌어 전보식의 문장을 사용한다는 것이다. 로만 야콥슨, 권재일 역, 『일반 언어학 이론』(서울: 민음사, 1989), 45-72.

2

3-5세기 그리스도 조상(彫像)과 불상 이미지

I. 머리말

모든 종교적인 형태나 이미지들은 그 원형을 갖고 있어 그 원형의 시원을 찾는 연구는 지속되고 있다. 기독교가 지니고 있는 이미지들에는 기독교가 태동되는 순간부터 자생된 고유한 원형의 이미지가 과연 있는 것인지, 불교만이 간직하고 있는 그만의 원형의 이미지가 있는 것인지를 탐색하는 건 흥미로운 연구일 것이다.[1] 그러나 인류

---

[1] Jas Elsner, *Art and the Roman Viewer: The Transformation of Art from the Pagan World to Christianity* (Cambridge University Press, 1995). 이 책 저자의 캠브리지 대학 박사학위 글을 근간으로 보완하여 출간한 것으로 타 지역 예술이 기독교에 이입되는 과정에 관한 글이다.

문화의 흐름과 문화 상호 간의 교류, 그리고 양 종교가 태동된 지리와 그 연대를 고려해보면 두 종교만의 고유한 이미지는 거의 없다고 할 수 있다.[2]

이미지와 이론의 상관관계를 연구하는 특정 미술사가들은 '이미지가 인간 의식의 발전에 있어서 사상에 선행해왔다'고 보는 입장에서 성상을 그 시대사상의 산물로 보고 이것을 정신사 및 양식사적 측면에서 연구 · 해석하기도 한다.[3] 이미지는 심적인 표상으로서 시각에만 의지하여 지각되는데 때로는 물질적인 표상을 의미하기도 한다. 그리스어는 특별히 물질적인 이미지를 가리킬 때에 에이콘(eikòn)이라는 단어를 사용한다. 이 에이콘에서 이콘(icon)이 파생한 것이다. 인간이 사물에 대하여 갖는 이미지를 관념이라고 정의한다면, 상징이란 사물들에 대한 관념들을 표현하는 심오한 기능을 갖는 것을 말한다.[4] 즉, 성상이란 그 당시 불교 작가들이 석가모니에 대한, 그리고 기독교 작가들이 하느님에 대한 관념을 표현한 것으로 이해할 수 있다.

---

[2] 예로, 기독교를 담는 교회 건축의 형태와 내부 공간구조는 로마 바실리카 건축물에 그 원형을 두고 있다는 것은 알려진 사실이며 바실리카 건축물의 원형이 무엇인지는 또 다른 문제다.

[3] Herbert Read, *Icon and Idea* (London: Faber and faber Limited, 1955)와 Erwin Panofsky, *Gothic Architecture and Scholasticism* (New York: Meridian Books, The World Publishing Company, 1963). 파노프스키는 중세 고딕건축의 축조 방법과 스콜라 신학의 방법론의 유사성을 밝히면서 고딕양식이 스콜라 신학에 선행(先行)했음을 주장한다.

[4] Susanne K. Langer, *Problems of Art: Ten philosophical Lestures* (New York: Charles Scribners Son's, 1957), 130.

두 종교의 초기 조각품에 대한 안내문과도 같은 이 글의 목적은 기독교를 중심으로 그리스도 이미지가 최초로 조각으로 나타난 기원 후 3-5세기를 기준으로 하여, 동시대에 제작된 인도 파키스탄 지역의 간다라 부처상(像)과 그리스도 조상(彫像)의 상호 유사성을 찾아봄으로써[5] 상호 이웃 종교에 대한 이해를 돕기 위함이다. 이 글이 이웃 종교 간의 대화, 종교학(기독교학, 불교학)과 미술사의 간학문 연구 측면에서 기초적으로 이용될 수 있기를 바란다. 최근 국내에서 불교와 기독교 양대 종교 간에 많은 대화와 교류가 증대하고 있음에도, 보수 기독교가 절대 다수인 한국 기독교에서 불교에 대한 편견은 절대적이라고 할 수 있다. 무엇보다 자아가 형성되어가는 유년기와 청소년기에 바른 종교문화 교육을 통해 이들이 세계 종교의 다양성과 차이성을 익히고 체험함으로써 상호 다른 종교를 존중하며 자신의 종교관을 건강하게 확립해갈 수 있도록 돕는데 이 글의 의의를 둔다.

II. 헬레니즘 조각

플라톤이 한 사물을 모방(mimesis)하는 표현을 진리(이데아)와 더

---

[5] 이에 관해서는 벤자민 로울랜드(Benjamin Rowland, Jr.)의 *Art in East & West*를 『동서 미술론』(204쪽)이란 제목으로 1982년에 열화당(최민 역)에서 발간한 바 있는데, 이 책 중에 82-85쪽이 이 부분이다.

멀어지는 행위로 간주하고 모방에 의한 예술 창작 행위를 혐오했을 지라도, 아리스토텔레스의 '예술에서의 모방 행위가 교육적 · 심리적 측면에서 사람들에게 즐거움과 미적 쾌감을 준다'는 주장은 헬레니즘 예술론의 근간을 이루게 되었다. 헬레니즘 예술에서 특기할 만한 인체 조각들은 대체로 건축물에 부가하는 장식물로서 건물 내 · 외벽에 부조를 새기거나 광장에 입체 형태의 조각품으로 세워진 것들이다. 이 조각품들은 이집트 조각품과는 다른 이상적인 이미지를 구현한 작품들이었다. 플라톤이 지향했던 이집트의 견고하며 기하학적인 이상적 신체비례를 원형으로 삼고 거기에 아리스토텔레스의 경험적 실재론에 따라 볼륨을 부가하여 신체의 미를 표현하였다. 고대 그리스의 조각은 비례와 균형과 대칭[6]을 이상적인 미의 기초로 삼아 다양한 기법으로 표현함으로써 감각(눈과 귀)을 충족시키는 것이었다.[7](그림 1) 이 미의 기초에 영혼을 불어넣는 것이 예술가들의 몫이었으며 이것이 예술가들의 미의식이기도 했다.(그림 2)

기원전 8세기경부터 희랍인들은 정밀묘사를 시작한 것으로 전해진다. 파라오 그림의 영향으로 왼발을 앞으로 내디딘 운동경기에서 승리한 청년상의 딱딱함이 곡선의 몸인 아폴론상으로 발전하기 시작했다. 그러나 비례와 균형과 무관하게 표현된 4등신의 간다라 불상을 포함해 제단용으로 12등신까지 과장되게 표현된 성모 마리아

---

[6] 특히 피타고라스는 미의 준거를 '조화와 비례'에 두었으며 이것은 신플라톤주의에 이르러 광휘로서의 미로 자리한다.
[7] Umberto Eco(ed.), *History of Beauty* (New York: Rizzoli, 2005), 41.

그림 2. Kore, B.C. 6세기, 아테네 박물관

그림 1. Capitoline Venus,[8] B.C. 350, 로마 가
피톨리노 박물관

---

[8] 우아(grace)하고 매력(charm)있는 사랑(love)의 여신인 Venus와 venustas(기쁨)의
어원은 같다. 아름다움은 기쁨에서 비롯되는 것이라고 할 수 있다. 플라톤의 미(아름다
움)는 진선미의 이데아와 관련한 보편적 원형으로서의 미를 의미하는 데 비해 기쁨은
다소 주관적인 반응이라고 할 수 있다. 기쁨을 향락(쥬이상스 jouissance)과 쾌락(플레
지르 plaisir)으로 구분하기도 한다. 대중들은 대체로 긴장을 푸는 데서 오는 후자를 미
의 기준으로 삼는다.

상을 보며 추하다고 느끼지 않는 점은 종교적 아이콘의 특성이라고
할 수 있다. 이 점에서 종교미술은 당대의 미의 규범을 일탈한 인상
주의 이후의 현대미술과 유사한 당대의 표현 예술이었다고 할 수
있다.

III. 불교미술

불교미술[9]은 석가의 죽음 이후 그 유골(사리)을 넣을 탑(塔, 스투

---

[9] 인도는 인종과 언어가 다양해 하나의 통합된 문화로 설명할 수 없는 나라다. 그러나 세
계에서 가장 오래된 문명의 중심지이자 여러 종교의 발생지로서, 깊은 종교의식이 인도
문화의 다양한 부분들을 통합하고 그들을 지배한다. 지금의 인도가 형성된 것도 종교적
분쟁의 결과다. 1947년 영국이 인도를 떠나고 힌두교의 인도와 이슬람교의 파키스탄으
로 분할되어 지금에 이르고 있다.
불교는 붓다, 즉 고타마 싯다르타(B.C. 563-483)의 깨달음과 교설(教說)을 B.C. 3세
기의 아쇼카 왕이 국가의 정신적·도덕적 지주로 삼아 통치하면서 널리 퍼지게 된다.
당시 전파된 불교는 중국, 한국, 일본 등 아시아 동부뿐 아니라 헬레니즘 세계로까지 확
장되었는데, 불교의 본질인 자비와 관용으로 모든 중생들을 위한 보편적인 가르침, 철
학과 윤리, 지식과 예술을 각지에 전파하였다. 불교가 세계 종교로 발전할 수 있었던 것
은 특정 민족이나 국가, 사회 집단을 넘어서는 포용성을 지니고 있었기 때문이다. 불교
의 흐름을 종파별로 보면 크게 대승불교와 소승불교로 나누어진다. 대승불교는 석가 열
반 이후 1세기경 새로 일어난 혁신운동으로 인간 구제를 목표로 하고 석가의 존재를 초
인격화하였으며, 소승불교는 전통불교의 입장에서 고행에 의한 깨달음과 자기 구제를
목적으로 하였다. 대승불교는 북방 경로를 거쳐 중국, 한국, 일본에서 성행하였고, 소승
불교는 스리랑카, 동남아시아 등에 전파되었다. 그러나 모든 종교에 관대했던 굽타 왕
조 시기에는 각 종교들이 평화롭게 지냈던 반면, 대승불교와 소승불교, 힌두교의 시바
숭배 등이 공존하면서 결국 점차적으로 불교는 힌두교에 흡수되었고 그 흡수 과정은 이
슬람교의 침입으로 불교가 절멸되는 12세기까지 계속되었다. 붓다는 힌두교 주신 브라
흐마와 시바, 특히 비슈누의 열 가지 화현(化現, avatara) 중 하나로 격하되었다. 그러
는 동안 불교미술은 동인도를 지배한 팔라 왕조의 비호 아래 여러 지역에서 부분적으로

파)을 제작하면서 시작된다. 전설에 따르면 석가의 유골은 아소카 왕에 의해 8등분되어 그의 광대한 영토 곳곳에 세워진 8개의 탑 안에 안치되었다고 한다. 이것은 불교도들이 만든 최초의 불교미술이었으며, 탑은 초기 불교미술을 위한 중요한 유적이 된다. 탑 자체나 탑을 둘러싸는 담 등은 석가의 전생 이야기인 본생담(本生譚)과 불전을 주제로 한 조각으로 장식하였다. 석가 자체를 조형화하고 사원을 건축하기 시작한 것은 1세기 말에서 2세기 초엽의 일이다. 아시아 전역에서 불교미술의 발전에 결정적인 영향을 미쳤던 불상(佛像)의 탄생은 이 시기에 인도의 두 지역에서 거의 동시에 일어났다. 인도 북부(서파키스탄) 간다라 지방과 중부의 '마투라'이다. 이때 대승 불교의 몇몇 중요한 경전도 등장한다. 간다라에서는 인도와 헬레니즘 문화가 결합된 독특한 양식, 즉 간다라 양식으로 사원과 불상 제작이 성행하였다.(그림 3, 4)

한편 인도 중부의 마투라에서는 인도식 미술로서 석가상을 비롯하여 보살상들을 제작하였는데, 이러한 방식이 동아시아 등 다른 나라로 퍼져나가게 되었으며, 각 나라별로 상이한 불상과 불탑의 양식을 형성하게 된다.(그림 5)

인도 불교미술의 전성기는 굽타 시대(320-550경)이다. 갠지스 강 유역에서 일어난 굽타 왕조는 궁정과 대도시를 중심으로 높은 수준

발전되었으나, 대부분의 기법은 쇠퇴하고 작풍은 형식화되었다. 이렇게 불교미술은 발상지인 인도에서 천 년 이상에 걸친 생동감 있는 일생을 마치고 점차 쇠락의 길을 걷다가 종말을 맞게 된다.

그림 3. 그리스에서 간다라를 통한 석굴암 불상 경로

그림 4. 설법하는 부처, 2-3세기 간다라, 캘커타 인도박물관

그림 5. 옥좌에 앉은 부처, 2세기 마투라

의 불교문화를 이룩하였다. 문학, 음악, 미술이 이 시기에 모두 번성했는데, 특히 미술은 인도 불교미술의 절정기 혹은 완성기에 이르렀다고 할 수 있다. 불교미술의 최고 걸작, 역사상 가장 훌륭한 불교미술들은 이 시기에 제작된 것이다. 인류의 불가사의한 업적으로 여겨지는 데칸 고원의 아잔타 석굴 건립이 그 예다. 굽타 시대의 미술은 활기 넘치는 생사윤회의 만화경(萬華鏡)과 부처와 보살들의 초월적이며 정신적인 열반의 경지 사이를 자유로이 넘나들었다. 그 고전적

인 아름다움은 불교가 추구하는 정신적인 완성과 초월의 상징이기도 하다. 또한 초기 불교에서는 우상 숭배를 인정하지 않았으므로 부처의 모습을 조형화하지 않고 보좌, 법륜, 불족적(佛足跡), 보리수 등을 이용해 상징적으로 표현하였다.[10] 또한 다소 배타적이면서 매우 금욕적이었던 초기의 승려들은 사당 혹은 승원을 필요로 하지 않았기 때문에 사원을 짓는 일도 드물었다. 유행승(遊行僧)들이 우기(雨期)에 비를 피할 수 있는 임시거처만을 필요로 했을 뿐이었다.

불상도 최초에는 그림이었는데 석가 자체를 조형화하고 사원을 건축하기 시작한 것은 1세기 말에서 2세기 초엽 간다라 미술에서부터 시작되었다. 아시아 전역에서 불교미술의 발전에 결정적인 영향을 미쳤던 불상(佛像)의 탄생은 이 시기에 인도의 두 지역, 북부 간다라 지방과 중부의 마투라에서 거의 동시에 일어났다. 이때 대승불교의 몇몇 중요한 경전도 등장한다.

IV. 3-5세기 간다라 불상과 그리스도상

기독교에서 성상 출현은 3세기경으로 추정되는데[11] 예수의 조상

---

[10] 그러나 일부 선종(禪宗)에서는 기독교의 우상파괴주의자처럼 불상이 선에 방해가 된다고 하여 파기하기도 한다.

[11] Andre Grabar, *Christian Iconography: A Study of it's Origins* (Princenton: Princenton University Press, 1980), 97.

이 출현하던 3-4세기 동시대의 불교에서 불상은 위에서 밝혔듯이 간다라와 마투라, 크게 두 양식이 공존했다. 불상의 변천을 살펴보면 간다라 양식과 마투라 양식 외에도 간다라 영향을 보이는 마투라 양식과 마투라의 영향을 보이는 간다라 양식이 있다. 2세기부터는 투박한 마투라 불상도 섬세하며 우아한 간다라 불상과 같은 이미지로 변모하기 시작한다.[12] 여기에서는 모두 헬레니즘의 영향을 받은 그리스도 조각상과 간다라 불상 양식에 국한한다.

헬레니즘이 시작된 것은 기원전 1-3세기이며 간다라 미술은 기원후 2-5세기이므로 시대적으로 큰 차이가 난다. 그럼에도 불구하고 후기 로마 미술과 초기 기독교 미술, 그리고 불교미술이 지닌 헬레니즘적인 양식상의 유사점이 시공의 차이를 넘어 공존했다는 점이 흥미롭다. "특히 로마의 지방적인 조각이 간다라 미술에 형적을 남기고 있으며, 이 시기에 이루어진 양식상의 발전은 초기 기독교 미술과 아주 유사하다"는 점이다.[13] (그림 6, 7, 7-1, 8, 8-1) 그러나 동시대 간다라 지역의 불상 조각은 로마 지역 기독교의 예수(그리스도) 조각상보다 빼어나게 정교한 것을 볼 수 있다.(그림 9) 이것은 불교 역사가 기독교 역사보다 길 뿐만 아니라 기원후 3-4세기 동시대 작품이라고 할지라도 이 시기는 기독교로서는 초기에 해당하기 때문에 조각과 회화가 불교만큼 발달하지 못했다고 할 수 있다. 입상을

---

[12] Dietrich Seckel, *Kunst des Buddhismus*, 1962, 백승길 역, 『불교미술』(서울: 열화당, 1985), 197.
[13] *Ibid.*, 31.

그림 7. 십자가를 지고 가는 예수 부분

그림 6. 콘스탄틴 두상, 4세기 초, 로마 팔라조 콘세바토리

그림 7-1. 5세기 초, 대영박물관

비교해보아도 불상은(그림 10) 그리스의 입상 조각(그림 11)과 표현 방식이 그 균형과 비례까지 유사하며 겉옷의 주름 표현도 매우 정교함을 볼 수 있다. 그러나 그리스도 입상은 무려 4세기가 되어도 인체의 비례와 균형이 조화롭지 못하고 표현 기법도 미숙하고 정교함이 떨어지지만 그리스풍이다.(그림 7-1, 8-1) 이것은 초기 기독교 시대에 출중한 기독교 작가가 많지 않은 이유도 있겠지만 무엇보다 기독교의 '우상 숭배 금지'[14](십계명)와 그리스도에 관한 신성과 인성

▲그림 8. 눈먼 사람을 고치는 예수 부분
▶그림 8-1. 4세기 로마 부조

◀◀그림 9. 부처 머리, 3
세기 간다라, 빅토리아 앨
버트 박물관

◀그림 9-1. 성 니케즈의
천사, 랭스 성당

◀◀◀그림 10. 불
상, 1-2세기 파키스
탄, 소장 불명

◀◀그림 11. 부부,
B.C. 1세기, 카피톨
린 미술관

◀그림 12. 착한 목
자, 3세기 후반, 바
티칸 박물관

(기독론)의 신학적인 논쟁(교리)이 정리되지 못한 시대이기 때문이다. 특히 간다라 불상은 그리스나 로마 지역의 그리스도상과 다르게 상당한 지리적 거리가 있음에도 불구하고 그리스도상보다 한층 그리스-로마적임을 알 수 있다. 그러나 '착한 목자'라는 이름을 붙인 그리스-로마적인 기독교 작품이 있지만 이것은 기존의 그리스-로마 작품을 기독교가 채용한 것으로 보인다.(그림 12) 이 시대는 대부분 익명의 작가들인데 이들이 본래 기독교인으로서 이 작품을 제작했다기보다는 기독교로 개종한 사람들이 대부분이다.[15]

3-5세기 간다라 불상 수준의 예술적 정교함에 견줄 만한 그리스도 조각상이 출현하는 것은 거의 11세기 고딕 시기에 이르러서다.(그림 9와 9-1. 비교, 13, 14) 표현 기법을 단순 비교하면 2-3세기 간다라의 불상(그림 4, 9)과 무려 700여 년의 격차가 있지만 단순히 이러한 비교만으로는 기독교 미술이 불교미술보다 700여 년 뒤졌다고 정의하기는 어렵다. 이것은 미술로써 불교와 기독교가 추구하려 했던 목적이 달랐기 때문이라 할 수 있다. 굽타 불교는 미술의 고전적인 아름다움을 통해 보는 사람을 절대의 경지로 이끌고 이를 통해 한층 현세적인 현상의 한계를 쉽게 초월할 수 있도록 돕는 데 목적이 있었

[14] 콘스탄틴 대제가 기독교를 공인(313)한 이후부터 7세기까지 교회와 신자들 사이에 성화상 숭배가 큰 문제없이 전개되어오다가 신상 제작과 그에 대한 숭배 문제가 불거진 것은 레오 3세의 성화상 숭배 금지 칙령(726)이다. 이후 다섯 차례 이상의 논쟁과 회의를 거친 후 이 논쟁은 825년 파리회의에서 숭배를 허용하는 쪽으로 잠정적인 종결을 짓게 된다.
[15] David G., Wilkins, Bernard Schultz, *Art Past Art Present* (New York: Harry N. Abrams, Inc., Publishers, 1990), 148.

다.[16] 반면에 초기 기독교는 로마의 박해 시대를 벗어나 겨우 표현의 자유가 공식적으로 시작되었지만 그마저 교리가 완성되지 못한 과도기에 그리스-로마 작품을 채용하여 제목을 붙이거나 의미를 부여하는 수준에 그쳤다. 기독교는 11세기 고딕 시기에 이르러서야 교회의 전성기를 맞이하면서 거의 완성된 교리에 따라 그리스도상을 기교적으로 제작할 수 있는 성숙한 시기가 된다. 초기 기독교 미술은 불교가 미술을 통해 추구하려 했던 것과는 격이 다르게 대체로 문맹자를 교육하기 위한 수단이었기 때문에, 작품의 예술성에 치중하기보다는 성서와 교리 내용을 손쉽게 담아내는 일에 급급했다. 박해 시기의 은둔지였던 카타콤에서 발견되는 벽화의 내용은 박해에 굴하지 않는 강한 믿음을 갖기를 요구하는 성서의 기적 이야기가 많은

---

[16] Dietrich Seckel, *op. cit.*, 48.

것을 볼 수 있다.

V. 미소 짓는 불상과 고통의 그리스도상

부처에 대한 표준 개념이 형성되어 모든 불교권에서 인정을 받아 부처에 대한 표현이 꽃을 피우게 된 것이 굽타 미술이며 이때 제작된 굽타 불상이 아시아 지역에서 부처의 전형적인 모델이 되었다.[17] 3-5세기를 중심으로 한 간다라 불상과 초기 기독교 예수 조각상의 양식적 유사성은 헬레니즘과 로마 조각의 영향임을 살펴보았다. 그러나 서로 다른 종교의 대표적인 인물(부처, 예수)에 관해 표현된 조각의 이미지는 사뭇 다르다. 마투라 불상은 예외지만, 간다라 불상의 이미지는 대체로 미소를 머금은 불상이다. 관능적인 선과 유연한 볼륨, 적당한 신체비례에서 나타나는 미소는 열반(Nirvana)의 황홀함을 드러내며 중량감 없이 초월적 신비를 느끼게 한다. 불교는 예술을 방편[18]으로 삼아 포교를 하는데, 이것은 불심이 없는 사람도 불상의 감상을 통해 불심을 고양시켜 불자가 되게 하는 방법이었다. 국내에서는 석굴암 불상이 그 대표적인 예라고 할 수 있을 것이다.(그림 3) 현대 조각가인 브랑쿠지(Constantin Brancusi, 1876-1957)

---

[17] *Ibid.*, 198.

[18] 方便, expediencies for promulgating: 불교에서 포교를 하는데 직접 교리를 전하기보다는 다른 수단을 이용하여 포교하는 방식을 말한다.

◀◀그림 15. 뮤즈, 부
랑쿠지 1912, 구겐하임
미술관

◀그림 16. 헤라클레
스, 3세기, 데살로니카
고고박물관

는 불교를 종교가 아닌 자신의 도덕으로 규정하고 뮤즈(Muse)라는
제목으로 조각했는데 이 역시 미소 짓는 모습이다.[19](그림 15) 반면
에, 초기 기독교의 그리스도 조각 이미지는 예수 공생애 기간 동안
의 활동 내용을 포함해 인간의 죄를 대속하기 위해 십자가에 매달려
고통을 받는 이미지까지 다양하지만 대체로 수심과 고통에 사로잡
힌 얼굴 이미지다. 초기 그리스도 이미지는 힘 있는 헤라클레스와도
유사하다.(그림 16, 17) 그러나 빌라도 앞에서 심문을 받는 그리스도
는 수심에 가득 차 있으며,(그림 18) 눈먼 자를 고칠 때나 라자로를
살리는 치유의 그리스도 얼굴은 확신이 넘친다.(그림 8, 19) 이렇게

---

[19] Jacquelynn Baas, *Smile of the Buddha: Eastern Philosophy and Western Art*
(University Califonia Press, 2005), 71-72.

▲그림 17. 착한 목자, 4세기, 알렉산
드리아 고고박물관

▲그림 18. 빌라도 앞에선 그리스도,
350년, 석관, 바티칸 미술관

▶그림 19. 라자로의 부활, 라티란
석관, 340년, 바티칸 박물관

3-4세기 그리스도 조각 이미지의 표현 기법은 신체비례도 조화롭지 못하고 섬세하지 않아 유치하지만 공생애 기간의 다양한 활동을 표현하고 있다.

반면에 동시대의 간다라 불상은 헬라와 로마 지역의 조각품 이상으로 정교하며 아름답지만 부처의 활동에 관한 다양한 이미지는 없고 미소를 짓고 있는 이미지가 대부분이다.(그림 9) 이것은 기독교가 불교처럼 미술을 선교의 방편으로 삼기보다는 문맹자를 위한 성서 내용을 전하는 데 그 목적이 있었다고 할 수 있다. 또한 이러한 차이는 두 종교가 지니고 있는 예술에 관한 그 목적성에서 온 것이고 이미지에서 나타나는 두 종교의 주된 교리는 불교는 생로병사(生老病死)의 고통을 극복한 후 찾아오는 열반이며, 기독교는 인간의 죄를 대속한 그리스도의 희생으로 표현되고 있다.[20]

VI. 교사로서의 부처와 예수

인체는 그 속성상 경배의 대상이 되기 쉽다. 예부터 신의 모습을 표현하는 데 인물을 사용해왔는데, 희랍의 경우 신의 신성한 아름다

---

[20] 싯다르타와 예수의 탄생과 성장, 죽음의 배경은 사뭇 다르다. 부처가 왕가에서 태어나 몸 고생 없이 성장하고 스스로 출가하여 열반한 것에 비해 예수는 비천한 장소에서 태어나 신의 뜻에 따라 십자가에서 고통스럽게 죽었다. 이러한 배경이 두 종교의 주요한 교리이기도 하며 이것이 불상과 그리스도상의 표현에 큰 영향을 주었다고 할 수 있다.

움을 나타내기 위해 신체적 조건을 가장 이상적으로 표현하고자 했다. 서양에서는 인체 숭배가 멈춘 적이 없었던 것에 비해 동양에서는 신을 추상적으로 표현해왔다. 특히 인도는 수도자들의 고행을 돕기 위하여 숭배 대상을 적당히 추상적으로 표현했으며 중국에서는 신체를 유교관에 따라 교훈적이며 윤리 도덕적 아름다움으로 표현했다.[21]

이스탄불(콘스탄티노플) 근처 프사마티아(Psamatia)에서 발견된 4세기경 작품인 예수의 대리석 부조(그림 20)와 같은 시기에 하다(Hadda)에서 나온 불상(그림 21)을 비교해보면 이 두 상의 의상은 모두 이집트 오사리스의 승려들이나 로마의 이교도들이 걸치던 팔리움(pallium)에서 연유된 것으로 추정된다.[22] 특히 둘 다 젊은 여성의 모습에 길고 곱슬거리는 머릿결, 의상의 유사성은 양자가 그리스-로마의 종교적 체계에 있어서 유사한 철학적 개념에서 비롯되었기 때문이다. 그것은 의상에서 나타나는 철인과 교사의 이미지인데, 이것은 부처와 예수의 이미지를 표현하는 데 공통적으로 적당하여 채택된다. 초기 예수 조각상을 제작한 조각가들과, 같은 시기 불상을 조각한 조각가들도 이 두 인물을 옛 질서를 대체시킨 위대한 교사로 생각했다. 간다라에서 불상을 제작한 지방의 로마 조각가들은 동양의 교사로서 고전 시대의 웅변가 유형으로, 유라시아의 미술가

---

[21] Benjamin Rowland, *Art in East and West*, 최민 역, 『동서미술론』(서울: 열화당, 1982), 34-35.
[22] *Ibid.*, 83.

◀◀그림 20. 예수상, 2세기, 이스탄불

◀그림 21. 불상, 4세기, 하다

들은 고전 시대의 아폴론 형태를 불상의 모델로 자연스럽게 채택했으며, 예수를 긴 머리의 젊은 청년으로 묘사했던 초기 기독교 미술도 아폴론상에서 연유한 것이다.[23,24] 그러나 이 두 작품들이 헬레니즘 조각보다 거칠고 딱딱한 이유는 점차 추상적인 근동의 표현 방식으로 대체되어가는 시기의 작품이기 때문이며, 이것은 고전 시대의 자연주의 방식이 아니라 선이나 날카로운 주름을 내어 처리하는 방식으로 표현했다는 점을 들 수 있다.[25]

---

[23] *Ibid.*, 83-84.

[24] *Ibid.*, 84-85: "초기 예수상과 부처상 사이에 보이는 양식상의 유사성을 살펴보면 초기 예수상을 제작한 조각가들이 3-4세기 로마의 제작소에서 훈련을 받았던 것처럼, 북서인도와 아프카니스탄(고대 간다라)의 불상을 제작한 조각가들은 대부분 로마령 근동에서 온 떠돌이 장인들이었다는 것이다."

부처와 예수의 양식적인 측면에서 드러나는 공통적인 이미지는 부처와 예수 모두 '철학자'며 '교사'라는 점이다. 이것은 두 인물이 당대의 교사로서의 활동 이전에 부처와 예수를 추종하고 믿는 사람들이 갖고 있는 두 인물에 대한 체험이고 믿음이며, 가르침의 수단인 설법과 설교는 종교 행위의 가장 중요한 본질이기도 하다.

두 종교의 발상지와 출현 시기는 서로 다르지만 고타마 싯다르타와 예수에 대한 체험과 그 표현 방식은 유사하다. 위대한 이 두 철인 교사에 대한 상호 우월성은 비교할 수 있는 성질이 아니다. 이것은 미켈란젤로가 우월한지 피카소가 우월한지를 따지는 것과 같다. 부처의 미소는 중생을 구제하는 수도의 고통 없이 나올 수 없는 것이며, 예수의 고통은 대속이라는 사명에 대한 예수 자신의 희생이 없었다면 십자가상의 고통을 받을 필요도 없는 것이다. 위대한 교사로서 가르쳤던 부처의 자비 실천과 예수의 이웃 사랑 실천은 각기 다른 의미가 아니다.

VII. 맺는 말

3-5세기에 나타난 불상과 그리스도 조상의 형태는 모두 그리스의 아폴론상에서 연유한 것임을 살펴보았다. 또한 부처의 수인(手印)

---

25 *Ibid.*, 84-85.

이 다양한 형태를 하고 있을지라도 대부분 미소 짓는 이미지인 것에 비해 예수의 이미지는 공생애 활동에 관한 내용을 표현한 다양한 이미지이나 주된 것은 대속의 고통스러운 이미지로 표현되고 있지만 둘의 공통된 이미지는 철학자, 교사로서의 이미지로 나타나고 있음도 살펴보았다.

이렇게 두 형태의 기원과 그 이미지가 유사함에도 불구하고 불교와 기독교는 그 본질적인 내용과 어긋난 길을 걸어왔다. 같은 종교 안에서조차 그치지 않는 교리와 파벌 싸움, 이웃 종교와의 반목과 전쟁, 교리까지 변질시켜가면서 정치 권력과 결탁하며 호국 활동을 해온 것을 반성조차 않는다. 종교의 원형 회복은 불가능하다고 할지라도 시대의 정치·경제적인 상황에 따라 정치 권력자들과 종교 권력자들은 자신의 목적 성취를 위해 종교의 본질적인 부분까지 훼손하고 있다.

4세기 이후 계급 사회에서 주류화된 불교도 기독교처럼 호국을 우위에 두고 있었으며 이미 국내에서도 주류 불교가 국가와 개별 정치인과 유착 관계를 맺고 안위와 번영을 모색한 지 오래다.[26] 기독교와 불교 양대 종교가 이러한 행위에 대해 '철학자와 위대한 교사'의 자세로 상호 검열을 하고 격려하며 종교의 본질이 변질하지 않도록 해야 한다. 모든 종교기관이 협력하여 가치관이 형성되어가는 유년기

---

[26] 박노자, 「백인이여, 불교가 그렇게 평화적인가」, 『한겨레 21』, 2010. 4. 26. 제 807호, 43-44.

와 청소년기의 젊은이들이 세계 종교의 다양성과 차이성을 익히고 체험할 수 있는 종교 문화 교육의 기회를 제도적으로 마련해줘야 한다. 이러한 학습을 통해 상호 다른 종교를 존중하며 자신의 종교관을 건강하게 확립해갈 수 있는 것이다. 이러한 종교 교육은 성인들을 위한 계속 교육의 교과과정으로도 절실히 필요한 시점이다. 특히 이미지를 통한 학습은 종교를 갖지 아니한 사람들에게도 세계의 종교 문화를 흥미롭게 접할 수 있는 교육 매체가 된다.

제2부

· · · · · · · · · · · ·

성화상 신학

3

8세기 성화상(聖畵像) 논쟁의 시대적 요인

Ⅰ. 머리말

1. 의의와 목적

십계명에 기록되어 있듯이, 유대교에서는 신의 형상을 제작하여 경배하는 것을 금지하고 있다. 이 율법은 기독교로 계승되어 초기 기독교 박해시대에는 기독교를 상징하는 여러 기호들이 등장하고 이 기호들에 의미 층이 두터워지면서 상징적인 도상이 되기도 했다. 희랍어로 '예수 그리스도 하느님의 아들 구세주'의 나열된 단어의 첫 머리글자 다섯 개를 연결하여 '익수스' (ἰχθύς, 물고기)라는 단어로 기독교를 상징하였고, 교회는 여러 이미지들에 적절한 의미를 부여하고 백합과 장미를 성모 마리아로, 공작새를 영혼 불멸로 상징하였다.[1] 이렇게 이미지를 기호화 혹은 상징화하여 예배와 교육을 위한 매체나 장식, 기독교의 표지로 사용하였다. 기독교에서 시각 이미지에 대한 본격적인 담론은 726년 레오 3세에 의해 주도된 '성화상 숭배'에 관한 논쟁부터라고 할 수 있다. 이 논쟁은 11세기까지 수차례 지속되는데, 동방교회에서는 물질로 구성한 이미지 그 자체를 숭배하는 것이 아니라 성화상 이미지를 통해 성인들의 영성과 예수의 말씀이 담긴 성서 내용을 신앙적으로 환유하는 것이라고 주장하였다. 성인들은 당연히 존경받아야 한다는 이유로 교회 내부에 복음서 기자들과 성인들의 도상뿐만 아니라 성서 내용을 주제로 한 성화를 설치함으로써 이것을 통해 문맹인들의 신앙을 고양하고 교육하였다. 그러나 회화가 아닌 실물은 느낌이 강한 입체적인 조형물 설치는 금지하였다. 서방 가톨릭교회는 동방교회와 같은 이미지 논쟁을 거치지 않으면서도 교회의 필요에 따라 종교화나 조형물을 신앙을 고양시키는 교육과 장식용으로 사용하였다. 그 후 루터와 칼뱅은 시각 이미지로 인해 우상 숭배와 기복주의로 흘러왔던 가톨릭교회의 부적절한 신앙 양태와 부패를 규탄하고 말씀을 바로 세운다는 명분으로 교회 안에서의 이미지 사용을 전면적으로 금지하였다. 그러나 루터는 자신의 종교개혁을 효과적으로 수행하기 위해 화가 크라

---

[1] 흰 백합은 시각적으로 정결과 순수함을 느끼게 하며 공작새는 그 당시 방부제처럼 썩지 않는다고 생각하였다.

나흘를 통해 자신의 초상화를 제작하여 유포하였으며, 시각예술에 대해서는 어느 정도 우호적이었으나 칼뱅은 교회 안에서 이미지 사용을 전면 금지시켰고 급진주의자였던 칼슈타트는 교회 안에 설치되었던 모든 이미지들을 파괴하였다.

감각적인 것을 바람직하지 않게 여겨오는 기독교의 영성적인 전통에서 시각 이미지(예술)란 오늘날에도 종교를 세속화하며 물질을 향한 우상 숭배와 기복주의로 흐르게 하는 위험한 매체로 인식되고 있다. 중세에 무한한 하나님을 어떻게 한정적인 명사로 수식할 수 있는지(Verbal Icon)에 대한 명제는 보편논쟁을 이끌었고 아름다움(예술)과 성스러움(종교)을 분리시켰다. 문자도 표현의 한계성이 분명 있음에도 불구하고[2] 교회는 시각예술이라는 매체로는 하나님의 인성밖에는 표현할 수 없음을 유독 강조해왔다. 오늘날 새로운 기독교 도상을 창출한다는 것에는 여러 가지 어려움이 따른다. 정치경제적으로 낙후하고 정세가 불안정한 국가의 교회 청년 운동권은 해방신학과 민중신학의 영향으로 '체 게바라'나 '전봉준'과 같은 혁명가의 이미지와 유사한 '청년 예수' 이미지를 많이 사용한 바 있다. 그러나 이러한 이미지가 정치경제 상황과 무관하게 후대에까지 이어져 교회 안에서 그리스도의 도상으로 자리매김할 수 있을지는 미지수다. 서양 기독교의 전통적인 도상을 시대에 적절한 도상으로 재창

---

[2] 성화상 파괴주의자들은 무한한 하나님을 유한한 물질(회화나 조각)에 담는 것을 허용하지 않았지만, 문자로 표현하는 것에는 너그러웠다. 그러나 문자적 표현도 유한한 것(Verbal Icon)임을 간과하였다.

출해낼 수도 있겠지만, 이러한 이미지들은 각 나라, 각 민족마다 추구하는 토착화 이미지와는 감성적으로 다를 수밖에 없다. 도상의 재창조는 교회의 상징을 풍성하게 하는데 이 작업은 그 시대의 종교 작가와 신학자들의 몫일 수 있다. 사회 상황에 따라 일정 상징화된 시각 이미지는 문자적인 힘을 넘어 인간 의식에 지대한 영향을 준다. 사이비 종교는 이러한 이미지의 힘을 조작하여 활용하기도 한다.

필자는 이 글에서 8세기 '성화상 파괴 논쟁'을 중심으로 '성화상 숭배'가 전개된 시대적 배경 및 논쟁의 원인과 결과를 살펴보면서 현대 예배의식에 있어서 이미지 사용에 관한 문제를 제기해볼 것이다. 한편, 성상이 대다수가 문맹이었던 당시 민중들의 신앙 구심적 상징물이었다는 측면에서 종교예술의 토착화를 거론해보고, 넓은 의미에서 예술(미술사)과 교회사, 그리고 예배학과의 간학문성에 이 글의 의의를 둔다. 또한 8세기 성상 파괴 논쟁은 기독론의 문제와 예배에서의 이미지의 사용 문제, 교회와 국가와의 문제 및 신앙의 토착화 과제가 동시에 논의될 수 있다는 데 그 의의가 있다. 끝으로 본 글에서 '이미지'란 용어는 사물에 대하여 갖는 심적인 표상과 그 것의 회화 및 조형적인 표현을 뜻하며, 이미지 숭배는 성화상 숭배를 포함한 모든 '성유물 숭배'까지를 의미하는 것임을 밝혀둔다.

2. 범위 및 전개 방법

기독교에서 성상에 대한 숭배와 파괴의 반복적인 현상은 초대 교회 시대부터 지금에 이르기까지 교단의 신학적 해석에 따라 지속되고 있다. 초대 교회 시대에는 형상을 갖는 모든 시각적인 예술과 상징적인 이미지의 공식적인 사용이 우상 숭배라는 이유로 첫 2세기 동안 금지되었다. 그러나 그레코-로만 전통의 예술 양식의 흐름이 카타콤 벽화를 통해 전승되어오다가 콘스탄티누스(Constantine)의 기독교 공인(313년) 직후부터 교회 안에 시각예술과 이미지가 적극적으로 수용되기 시작했다.[3] 교회 미술은 6세기 동로마 황제 유스티니아누스(Justinian) 대제 때부터 8세기 성상 파괴 논쟁이 발생하기 전까지 꽃을 피웠다. 726년부터 843년까지 성화상에 관한 수차례의 공의회 논쟁을 거치는 과정에 동방교회는 위기를 맞게 되는데 7차 니케아 회의(787)와 843년 공회의에서 '성상에 대하여 존경하는 마음(respectful veneration not the adoration)[4]을 품을 수는 있다'는 한정적인 내용을 허용하는 것으로 이 논쟁은 일단락을 짓는다. 이때 성상 파괴자들의 성상에 관한 신학적인 문서가 소각되어 이 논쟁의 교

---

[3] 미술사학자 잰슨(Janson)은 언제 어디에서 최초의 기독교 미술 작품이 제작되었는지는 추측 단계로 보고 있다. 현존하는 기념비적 건조물 중에서 건조 연대가 서기 200년경 이전으로 소급된다고 생각되는 것은 하나도 없다고 보고 있다. H. W. Janson, *A History of Art 9th*. ed. (New York: Harry N. Abrams, Inc. Publishers, 1966), 157.

[4] Steven J. Schloeder, *Architecture in Communion: Implementing the Second Vatican Council through Liturgy and Architecture* (San Francisco: Ignatius Press, 1990), 149.

리적 배경을 밝히는 데 어려움이 있었으나, 최근 이 논쟁은 교리 문제도 있지만 실제적으로는 교회 내부의 문제였으며[5] 주로 소아시아의 주교들에 의해 논쟁이 야기되었음이 밝혀졌다.[6] 성상 파괴 논쟁은 성상에 대한 숭배와 반대, 그리고 그것에 대한 각각의 변증적 이론으로 전개되어가고 있는 것을 볼 수 있다.

한동안 잠잠하던 성상 논쟁은 독일의 비텐베르크(Wittenberg)에서 루터(Luther)와 칼슈타트(Carlstadt)를 중심으로 한 16세기 종교개혁가들에 의해서 격렬한 성상 파괴 운동으로 재개되어 그 맥락이 개신교회의 전통이 된 것이다. 최근 이러한 사건에 관한 연구는 교회 역사가들에 의해서만 아니다. 미술사가들은 이미지가 인간 의식의 발전에 있어서 사상에 선행해왔다고 여기는 입장에서 성상을 그 시대 사상의 산물로 보고 이것을 정신사 및 양식사적 측면에서 연구 해석하기도 한다. 그러나 성상 파괴 운동으로 인하여 8세기경의 성상이 현재 잔존하고 있지 못한 점은 유감스러운 일이다.

성상 파괴 논쟁의 주된 기간은 8세기의 비잔틴 시대다. 특히 753년 콘스탄티노플 회의에서 결정된 성상 반대 결의와 787년 니케아회의에서 결정된 성상 숭배 결의를 중심으로 논쟁이 발생하게 된 시대적 배경과 동기에 국한하려고 한다.

---

[5] 그동안 많은 역사가들은 교회 밖보다는 교회 안에서 성상 파괴 논쟁의 뿌리를 찾고자 노력해왔는데, 그것은 대체로 기독론 중심의 연구에 국한되기가 일쑤였다.

[6] 김산춘, "이콘의 신학: 제1차 비잔틴 이코노클라즘을 중심으로", 미술사학연구회, 『미술사학보』 제20집, 2003. 8, 5-6.

이 연구를 위해서 아래와 같은 더 심도 깊은 신학적 연구가 병행되면 좋을 것이다. 하나님의 인상(印象)에 관한 고대 히브리적인 사고와 헬레니즘적인 사고를 비교해보는 일, 이미지에 관한 신학적 담론, 성화상 논쟁의 배경에 교회와 국가 사이의 이해관계가 어떻게 작용을 하게 되는지 등.

II. 성상 숭배의 역사적 전개

1. 상징

이스라엘 신앙은 하나님의 신체적인 묘사를 입상으로도, 회화로도 허락하지 않았다. 8세기 성상 파괴 논쟁을 중심으로 끊임없이 전개되어왔던 십계명의 형상 금지 규정의 효력은 오늘의 개신교에까지 전승되어오고 있다.

반면, 그리스와 로마 미술은 신과 영웅들을 아름다운 형태로 시각화하는 방법을 후대에 전수시켰는데 이것은 그리스도의 탄생 이후 여러 세기 동안 오리엔트 왕국의 미술을 밀어낼 정도였다. 초기 기독교 예술은[7] 이러한 그레코-로만 미술의 연장이었다.[8] 일찍부터

---

[7] 유대교 미술은 Steven Fine, *Art & Judaism in the Greco-Roman World; toward a New Jewish Archology* (Cambridge University Press, 2005)를 참고할 것.

유대교는 우상 숭배를 경계하여 형상의 제작을 금지했음에도 불구하고 동부의 유대 식민지에서는 그들의 회당을 구약성서의 내용으로 장식했다.[9]

성상 상징의 기원은 대체로 그레코-로만 양식을 물려받은 3세기경의 로마 카타콤(Catacomb)으로 추정된다.[10] 신플라톤 학파의 플로티누스(plotinus)는 예술가는 감각계에 있어서 거기에 구현(俱現)되어 있는 이념을 구해야 한다고 하였다.[11] 카타콤 예술에 나타난 초대 교회 상징주의의 특징은 한 가지 상징으로 여러 가지 의미와 관계를 말하는 데 있다. 그 예로, 위에서 밝힌 바처럼 물고기에 해당하는 그리스어 익수스(ἰχθύς)라는 물고기 물성을 '예수는 그리스도요 하느님의 아들 구세주'라는 종교적인 표현으로 이해하는 것을 말한다. 이와 같은 상징들은 특정인만 알 수 있는 단순한 비어나 암호로 사용하기 위함보다는 교육을 위해 창출된 것이라고 할 수 있다.[12]

초대 기독교 미술에서 최초의 그리스도상이 나타나는 것은 4세기에 이르러서다. 이 당시 몇몇의 초상화들은 당시 미술가들이 의도했던 것이 무엇이었는지를 보여준다. 특별히 아름답지도 않고 사실적

---

[8] E. H. Gombrich, *The Story of Art*, 4th ed. (New York: Phaidon Publishers Inc., 1971), 85.

[9] 앞의 책, 87. 253년 제작된 두라-오이로포스의 유대교 회당의 벽화를 들 수 있다.

[10] 카타콤의 기원은 그 안의 미술품을 고고학적으로 감정하여 그 발생의 시기를 3세기로 추정한다. 그러나 그 예술은 그레코-로만 양식을 빌렸지만 그 의미는 아주 다른 것이다. 이장식, 『현대교회학』(서울: 대학기독교서회, 1969), 381-91.

[11] 임영방, "그리스도교와 미술", 『사목』 제50호 (1977년 3월호), 44.

[12] 물고기는 예수 그리스도의 현현, 수난과 부활과 영생, 세례의식, 주의 성찬, 새 시대와 하늘의 잔치, 복지의 안내자 등을 상징한다. 이장식, 『현대교회학』(1969), 399-401.

이지도 않은 이 초상화는 어느 특정 부분을 강조함으로써 강렬한 표현을 하고 있다. 기독교 미술이 감각적이고 사실적인 그레코 · 로만 양식에서 멀어져간 것은 정신적인 걸 표현하려는 의도 때문이었다고 할 수 있다.

기독교 예술은 대체로 두 방향성이 있다. 첫째, 상징성이다. 초기 기독교 작품 가운데는 그것 자체로는 난해한 것이 있는데 그 예로, 그려야 할 신성한 대상에 대한 사실 묘사보다는 대상의 정신을 화면에 표현하는 것이 어렵기 때문에 묘사 하나하나에 모두 기독교적 구원을 가르치는 암호와 같은 의미를 내포하도록 표현했다는 점이다. 따라서 실물의 크기도 대상의 정신적 중요성의 여하에 따라 그 비례를 조정한 경우이다. 둘째, 서사적이며 설명적인 양식이었다는 점이다.[13] 이것은 그 당시 작품이 예술성보다는 교육 매체였음을 시사해 준다.

회화나 건축에 비해서 조각은 그 입체적 특성 때문에 우상 숭배라는 공격을 피하기 위해 등신대(等身大) 표현은 하지 않았다.

---

[13] Arnod, Hauser, *The Social History of Art*, Vol.1. (London: Routledge & Kegan Paul, 1973), 145-46.

2. 성상 숭배의 전개

1) 성상 숭배의 시작

성상의 발단 시기는 알 수 없지만 성상 파괴 논쟁 때 성상 숭배자들이 지지한 주된 논거는 그리스도 자신이 성 누가에게 자신의 초상을 그리도록 허락했다는 주장이다. 그 외에도 그리스도나 성모의 초상이 하나님의 허락을 받아 지상에 기적적으로 출현했다고 하는 주장도 있다. 최초의 성상은 초대 기독교 시대에 그레코-로만 초상 패널(pannel)에서 발전된 것으로 추정된다. 지금까지 발견된 것들 중에 가장 중요한 건 로마의 '성 프란체스코 로마나 교회에 있는 성모'다. 이것이 그레코-로만 초상과 관련되어 있다는 것은 그 채색 방법[14]이 성상 파괴 논쟁 이후 중단되었는데, 이것은 그 명암의 섬세한 점진적 이행(移行)을 통해 추증된 것이다.[15] 초기 성상은 그레코-로만 양식과 초대 기독교 미술의 상징성이 융합되어 표현된 것이다. 313년 콘스탄티누스 황제가 기독교를 공인하기 전까지 교회는 이러한 기독교 미술을 공식적으로 수용하지 않았는데 그 요인을 살펴보면 크게 세 가지를 들 수 있다.

첫째, 그 당시 기독교인들의 신앙생활을 들 수 있다. 요한복음 4장 23절에 있는 "아버지께 참으로 예배하는 자들은 신령과 진정으로

---

[14] 엔코스틱 화법(encaustic): 납화법(蠟畵法)이라고도 하며 색을 불에 달구어 패널에 칠하는 방법이다.
[15] H. W. Janson, *A History of Art 9th* (1966), 46.

예배할 때가 오나니 곧 이때라"는 말은 우리가 성화된 마음으로 기꺼이 드리는 희생제사가 참 예배이지 그분을 위해 무엇을 만들고 세우는 게 아니라는 것이다.

둘째, 모세 율법 중 우상 금지에 따른 형태 표현에 대한 저항을 들 수 있다.

셋째, 상(像)의 표현 형식이 일반적으로 그레코-로만 이교주의로부터 기인된 것에 대한 저항이라고 할 수 있다.[16] 이로 인해 십자가와 성유물처럼 인간의 형상을 갖지 않은 다른 물질에 대한 숭배가 만연하기 시작하였다.

십자가에 대한 최초의 숭배는 로마의 콘스탄티누스 황제의 라바룸 십자가와 4세기 중반에 십자가가 발견된 예루살렘에서다. 예루살렘 전설은 콘스탄티누스 황제의 어머니 성 헬레나(Helena)가 예수가 매달렸던 나무 십자가를 발견한 공로자라는 것에서부터 시작한다.[17] 발견된 십자나무는 즉시 민중들의 지극한 헌신의 대상이 되었다. 이 때문에 동방교회에서 십자가 숭배가 발전하게 된다.[18] 일반에게 처음으로 제시된 참 십자나무에 관해 기술한 4세기 말경의 순례자 에게리아(Egeria)는 "모든 사람들이 한 사람씩 참 십자나무에 절하고 입을 맞춘 후 지나갔다"고 기록했다고 전해진다.[19]

---

[16] Ernst Kitzinger, *The Art of Byzantium and the Medieval West*, ed. by W. Eugene Kleinbauer (Bloomington: Indiana University Press, 1976), 95.

[17] Patrick Regan, "eneration of the Cross", *Worship* 52 (January, 1978), 95.

[18] 앞의 책, 4.

콘스탄티누스는 335년에 로마에 성모성당을 건립하고 그 십자가
에 금과 보석으로 장식하여 예배를 드렸는데 5세기에는 이 예식이
콘스탄티노플에까지 전해져서 황제도 군중 앞에서 십자가를 숭배하
는 의식을 거행하게 되었다. 십자가 숭배는 그리스도의 수난을 기념
하는 기독교인들의 경건의 표현을 의미했으며 점차 공중예배에서
중요한 순서의 하나로 자리매김한다.[20] 4세기 말경에는 성직자들이
순교자의 일생담(一生譚)을 그린 작품이나 순교자의 초상으로 교회
당 안의 벽을 장식하는 일을 장려하였는데 문맹자를 포함해서 모든
신자들이 이를 관람함으로써 하나님의 진정한 봉사자로서의 모범을
기억하고 순교자들의 덕행을 본받아 실천하는 삶을 살도록 고무하
였다. 이 당시 종교화는 교육적인 기능을 담당했으나 경배의 대상은
아니었다.[21] 참 십자가의 발견과 그에 대한 숭배가 극화되어 4세기
말경에는 성인과 순교자의 유물에 의해 기적이 일어났다는 소문을
사람들이 믿기 시작하였다.[22] 기적 이야기를 수반한 유물 숭배는 6
세기 중반에 이르러 절정에 달한다.[23]

---

[19] 해마다 부활절 기간 동안 예루살렘의 주교는 신자들이 경배할 수 있도록 십자가를 내놓
았다고 한다. 안디옥에서는 성 금요일에 십자가가 정식으로 경배되었다고 전해진다.
Ibid., 2-3.

[20] 주재용, "성상 파괴논쟁과 우상", 『역사와 신학적 증언』(서울: 대한기독교출판사,
1981), 158.

[21] Heinz Skrobucha, Rotmann Edward, & Kim He-il, 최순택 역, "성상회화의 역사적
발전과 주제", 한독미술가협회 편, 『ICON』(서울: 경미출판사, 1982), 17.

[22] Edgar C. S. Gibson, *The Thirty-Nine Articles of the Church of England* (London:
Methuen and Co. Ltd., 1915), 557.

[23] Kitzinger, *The Art of Byzantium and the Medieval West*, 101.

4세기 말경 민중들이 순교자들을 하나님과 동행하는 중재자로서, 또는 그들을 존경하는 사람들을 보호해주고 치유해주며 도와주는 수호 성인으로서 숭배받음이 마땅하다고 생각한 건 기적사건과 연유되어 있는 것이다. 성인 중에서 으뜸가는 존재는 성모 마리아로서 그 후 기독론 논쟁이 계속되는 중에 그녀는 모든 피조물 중 제1위의 위치로 완전히 승격되었다. 이처럼 존경과 예배 행위가 성인, 성물에 바쳐지는 바람에 교회는 우상 숭배의 비난을 모면할 수 있었다.[24] 이러한 민중 기독교는 이교도의 예배처럼 전락된 듯했으나, 수많은 이교도들을 기독교로 개종시키는 데 용이하게 하였다.

2) 성상 숭배의 전개

유스티니아누스 황제 이후 성상 숭배에 관한 자료는 대체로 역사가, 순례자, 전설 작가 들에 의한 그 당시 민중들의 이야기와 성인 언행록 등이다. 이 자료들에 따르면 이 시기에 성화나 성상, 성유물에서 기인되는 많은 기적 이야기가 수반된다. 이렇게 이미지 숭배는 처음부터 성유물과 관계가 있다. 특히 동방 그리스에서 니사(Nyssa)의 그레고리(Gregory)에 의해 제작된 '성 테오도르(Theodore)의 찬미'에는 순교자의 무덤에서 수집해온 먼지를 소중히 간직했던 신자들에 대해 언급하고 있으며, 성유물을 만져보는 크나큰 행운을 가졌

---

[24] Williston Walker, *A History of the Christian Church* (New York: Chales Scribner's Sons, 1959), 156.

다는 것에 대한 기쁨도 묘사하고 있다.[25]

만져본다는 감각적인 욕구가 신앙심의 기본적인 욕구들 중의 하나였다면 회화나 조각품이 순교자와 성인들의 뼈와 그 먼지보다 더 훌륭한 조력이 될 수도 있었을 것이다. 이 당시 이미지들이 동지중해 연안에서 그리스인들과 헬레니즘화한 셈족들에게 끼친 영향은 컸다. 민중들 사이에는 신성한 힘이 종교적인 이미지들로부터 발현한다는 관념은 깊이 뿌리박혀 있었기 때문이다.[26]

초기 이미지 숭배에 관한 이야기들은 대체로 전쟁에서의 승리, 치유와 같은 기적 이야기다. 이미지 숭배가 시작하는 4세기부터 7세기까지 어떻게 이미지 숭배에 기적 이야기가 수반되었는지에 관해 설명하기란 용이하지가 않지만 종교적인 이미지를 마술적으로 사용하려는 사람들의 성향으로 인해 어느 특정한 이미지가 창출되면 곧바로 그 이미지에 주술적 힘을 부여한 것은 확실한 듯하다.[27] 거짓 디오니시우스(Pseudo-Dionysius)는 이미지 숭배를 변호하는 이론적인 기초를 마련해주었고 민중들은 이교도들과의 전쟁 중에 성상의 효용성에 대해 상당한 신뢰와 경외감을 갖게 된다.[28]

451년 칼케톤 신조가 로마 제국 교회의 공식적인 표준이 되자 그 신조의 기원과 정신이 서방적이었다는 것이 원인이 되어 다시 기독

---

[25] Kitzinger, *The Art of Byzantium and the Medieval West*, 116.
[26] 앞의 책, 123.
[27] 앞의 책, 124.
[28] 앞의 책, 126.

론 논쟁이 발생했다. 그 결과 6세기 말경 동로마 제국의 교회는 분열되고 논쟁은 계속되어 7차 회의가 열렸다. 이 기독론 논쟁 중에서 이미지 숭배를 촉진시킨 대표적인 회의는 6차 콘스탄티노플 회의(680-81)인데, 회의에서는 그리스도를 표현할 때 서방 측에서 즐겨 사용했던 어린 양의 이미지를 금하는 대신에 성육신의 실제성을 강조하기 위해 인간의 모습으로 그릴 것을 규정했다.[29]

시간이 갈수록 종교적인 이미지가 증가하게 되는 이유는 처음부터 이미지 숭배와 황제의 상에 숭배하는 점이 유사하다는 점과, 또 성상 숭배에 대한 황제들의 묵인에 기인한 것이라고 할 수 있다.[30]

성상 숭배가 7세기경에는 동서교회를 막론하고 널리 유행하게 되었으며 교회생활에서 확고한 위치를 차지하게 된다. 이 상황을 네아폴리스(Neapolis)의 레온티우스(Leontius)는 "그림을 그리는 것은 보는 사람들로 하여금 그것들을 잊지 않게 하기 위함이며, 성상에 입맞춤은 영으로 입맞추는 것"이라고 기록하고 있다.[31] 692년 트룰란 노회(Trullan synod)는 성상 숭배는 '율법의 완성으로서 진리에 대한 숭배'라고 하였다.[32] 그러므로 그리스도 성상의 근본적인 뜻과 기능

---

[29] 이 회의에서는 그리스도는 인간 의지와 신적 의지를 가지셨는데 그의 인간 의지가 자연스럽게 신적 의지에 예속된다고 선언하였다. 이것은 칼케톤 회의의 그것을 완성한 것으로서 기독론 논쟁은 교리를 결정하는 문제에 관한 한은 종결된 것이었다. Walker, *A History of the Christian Church*, 147-48.

[30] Kitzinger, *The Art of Byzantium and the Medieval West*, 131.

[31] Alexander Schmemann, *The Historical Road of Eastern Orthodoxy*, trans. Lydia W. Kesich (New York: Holt, Rinehart and Winston, Inc., 1963), 202.

[32] 앞의 책, 203.

은 어디까지나 그리스도의 성육신의 증거요, 그것을 상기시키는 데 있으며, 형상에는 그려진 주체의 능력이 충만하다는 것이다. 7세기는 성상 숭배의 전성기이기도 했으나 동시에 교회를 조잡하게 만든 시기이기도 했다. 즉, 많은 기독교인들이 성상 숭배를 미숙하고 관능적인 미신 행위로 전락시킴으로써 우상 숭배화되었는데, 이와 같은 상황에서 726년 황제 레오(Leo) 3세는 성상 숭배 금지 칙령을 선포함으로써 성상 파괴 논쟁이 본격적으로 시작된다.[33]

III. 성상 논쟁

1. 시대적 배경

성상 파괴 논쟁은 대체로 교회 안에서 이미지 사용에 관한 정교(正敎)와 이단(異端) 사이의 상반된 신학적 해석 논쟁으로 여겨져왔다. 그러나 이것은 성화상 제작을 주도하던 수도원의 권력과 재산에 대한 사회적·경제적 반발의 양상이었다고 할 수 있으며, 한편 황제가 교회와 성직자를 통제하려는 시도였다고 할 수도 있다.[34] 그러나 오랜 논쟁의 신학상의 주안점은 하나님에 대한 예배와 성상 숭배 사

---

[33] 예배에서 성상을 사용하는 것을 반대하는 운동이 레오 3세와 더불어 시작된 것은 아니지만 그는 로마 제국의 중앙 집권을 강화하려는 목적에서 교회를 다스리기 위한 방편으로 이 운동을 이용했다. Walker, *A History of the Christian Church*, 148.

이의 구별에 관한 모호성이다.[35] 누가 시대부터 성상들을 교회에서 보존해왔다면 730년부터 787년 사이의 성상 파괴령에 의한 성상의 제거는 초대 전통주의를 유지해왔던 기독교의 한 흐름에 대한 갑작스런 파괴였다고 할 수 있다.[36] 8세기를 통해서 산만하게 퍼져 있던 기독론 논쟁 속에 성상에 대한 숭배와 거부 문제가 수반되고 있었다는 것은 비잔틴 교회가 동방신학과 서방신학 사이에서 하나를 선택해야만 하는 기로에 서 있었음을 말해준다.[37]

726년 황제 레오 3세가 선포한 칙령의 의도는 동방, 특히 발칸 반도에서 성상 숭배로 저속화된 기독교를 정화하려는 것이었다. 교황 그레고리(Gregory) 2세는 레오의 칙령을 정죄하였으며 이탈리아의 여러 도시가 반발을 일으켰다. 730년 황제는 콘스탄티노플의 대주교를 파면하고 남부 이탈리아와 시실리의 교구들을 콘스탄티누스 교구에 편입시키려고 하였으나 아랍인과의 전쟁 때문에 실행하지는 못했다. 이러한 상황에서 753년 콘스탄티노플 노회가 소집되었고 성상을 금지하는 결의를 통과시켰다.[38]

753년의 콘스탄티노플의 성상 금지 결의는 서방교회에 큰 충격을

---

[34] Deno Geanakoplos, "Byzantium" in *Perspectives on the European Past: Conversation with Historians*, ed. by Norman F. Cantor (The Macmillan Co., 1971). 김인석 역, "비잔티움", 지동식 외 편역, 『서양사신론』 제1권 (서울: 법문사, 1982), 222.

[35] 앞의 책, 223.

[36] Peter Brown, "Dark-Age crisis: aspects of the Iconoclastic controversy", *The English Historical Review* 346 (1973), 1.

[37] Patrick Henry, "What was the Iconoclastic Controversy About?" *Church History*, 45 (1976), 17.

주었으며 성상을 안치하고 그 앞에서 경건 생활을 실천하던 신자들을 자극하였다.

이 문제의 해결을 위해 787년 니케아에서 제7차 에큐메니칼 공의회가 소집되었다. 이 공의회는 753년의 콘스탄티노플 노회의 성상 금지 결의를 무효화시켰는데, 성상에 대해 숭배나 예배를 할 수는 없지만 존경하여 절하고 입을 맞추는 것은 허용하였다. 동방교회와 서방 로마 교회가 다같이 이 결의를 받아들였으나 이것도 잠정적이었고 815년에 동서 양 교회는 성상 문제로 다시 분쟁에 들어갔다. 결국 서방 로마 교회는 동방의 로마 제국과 정치적으로 분열되고 서방 로마 교회는 새로운 정치적 세력으로 등장한 프랑크 제국과 유대를 맺게 된다.[39] 726년 레오 3세의 성상 파괴 의도가 753년 콘스탄티노플 노회에서 통과됨으로써 숭배자들에 의해 격화되었던 성상 파괴 논쟁은 787년 니케아 회의에서 성상 숭배자의 요구를 잠정적으로 수용하게 된다. 이 논쟁을 계승한 황제들〔레오 5세, 미카엘(Michael) 2세, 데오필루스(Theopilus), 814-842〕의 성상 파괴 운동이 예전처럼 과격하지는 못했던 탓에 데오도레가 843년 성상 숭배에 관한 니케아 회의의 결정을 재확인함으로써 한 세기 동안 진행되었던 성상 파괴 논쟁은 종식된다.

---

[38] 이장식 편역, 『기독교 신조사』 제1집 (서울: 컨콜디아사, 1979), 23.
[39] 앞의 책, 25.

2. 성상 논쟁의 일반적 요인

1) 성상 파괴령의 동기

황제의 성상 파괴 칙령에는 여러 가지 복합적인 요인들이 작용했다. 여기에서는 그에 관한 신학적 입장을 제외한 황제 중심의 정치 사회적 원인들을 일반적 요인이라고 지칭하고 이것을 몇 가지로 요약해본다.

첫째, 6세기와 8세기에 걸친 일련의 전쟁들은 군대를 계속 보충해나가기 위해 황제는 지주 계급의 협력과 지원이 필요했다. 동로마 황제도 용병군 유지에 필요한 자금이 고갈됨에 따라 지주 계급의 후원에 의존하지 않을 수 없었다. 군사적 공헌에 대한 포상으로 토지를 봉(封)해주던 서방의 제도와는 달리 동로마 제국은 오히려 농민이나 병사들의 토지를 흡수하려고 하였고 농민들조차 많은 조세 부담에서 벗어나기 위해서 대지주의 비호 아래 있으려고 하였다. 이러한 상황에서 황제는 자신이 대지주들의 세력에 휘말리는 사태가 발생하지 않도록 온갖 수단을 동원하였다. 그중의 제일 목표는 군대를 유지하기 위함이었고 이것을 위해서 일체의 다른 배려(背戾)는 용납하지 않았다. 성상 숭배의 금지도 이러한 여러 전시조치 중의 하나였다.[40] 황제를 중심으로 한 중앙 권력 집중을 분산시키지 않으려는

---

[40] 그 결과로 지주 계급의 정치적 세력이 강해지고 동방에서도 일종의 봉건제도가 발생하게 되었다. 그러나 서양 봉건제도의 특색이었던 봉건 영주와 신하 사이의 상호의존 관계는 없었다. Hauser, *The Social History of Art*, 159-60.

일환이었다고 할 수 있다.

둘째, 제국의 동부지역에 영향을 미치고 있었던 이슬람과 마니교의 영향을 들 수 있다. 이슬람은 그 어떤 형상의 숭배도 금하는 종교이며, 마니교는 물질적인 것은 악하고 영적인 것만이 선하고 실재하는 것이라 여겨 신성을 악한 물질로 형상화하는 걸 근본적으로 허용하지 않았다. 또 하나의 요인은 일체의 성상을 갖고 있지 않은 무슬림들이 군사적 성과를 거두자 동로마 제국이 일정 정도 이슬람의 풍습을 따름으로써 무슬림들의 비결을 체득하고 그들의 적의를 누그러뜨릴 수 있다는 생각을 했다는 점이다.[41] 그들의 교리에는 동방교회에서처럼 인간 중재자가 없었다.[42]

셋째, 5세기부터 점차 성화 제작이 번성하기 시작하자 그리스도상은 성화의 표본처럼 되어 일종의 부적(符籍)과 같은 기능을 갖게되었다는 점이다.

넷째, 확대되어가는 수도원 세력을 억제하기 위해 성상 파괴를 지지했던 콘스탄티누스 5세(741~75)의 정책에 반대한 수도원의 예를 들 수 있다.[43] 동로마 제국에서 수도사들이 상류층의 정신생활에 미친 영향은 서방에 비해 적었으나 민중들과의 결합은 상대적으로 긴밀했다. 황제는 이들에 의해 형성된 공동전선이 상황에 따라서 중앙

---

[41] 앞의 책, 162.

[42] Brown, "Dark-Age crisis: aspects of the Iconoclastic controversy", 14.

[43] Stepen Gero, "Byzantine Iconoclasm and Monachomachy", *Journal of Ecclesiastical History* 28 (1979), 242.

78 제2부 성화상 신학

권력에 대해 위험 요소가 될 수 있다고 생각했다. 수도원은 순례지가 되었고 민중들은 자신들의 질문과 고민과 소원을 가지고 수도원을 찾아가 제물을 헌납했는데, 이때 수도원이 지닌 최대의 매력은 기적을 행하는 성상들이었다. 특히 수도원 생활이 민중들의 동경 대상이었던 탓에 국가는 인적, 물적 자원을 수도원에 빼앗겨 국가 재정도 막대한 손실을 입고 있었다. 레오 3세는 강력한 군사 국가를 건설하려는 자신의 정치적 의도를 실현하는 데 최대의 장애는 교회와 수도원이라고 생각했다. 황제는 자신의 전체주의적인 목적을 관철하기 위해서는 성상을 중심으로 감도는 신비적이며 마술적 분위기를 몰아낼 필요가 있었던 것이다.[44]

2) 성상 숭배자의 일반적 입장

동로마 제국에서 성화나 성상에 대한 존중이 물질 숭배로 전락되어 우상 숭배화 되자 이것에 대한 배척운동이 일어나게 된 것이 성상 파괴 운동에서 어떤 다른 동기보다도 가장 큰 이유다. 그러나 성상 숭배자들은 몇 가지 이유를 가지고 그들과 논쟁을 계속하다가 787년 니케아 회의에서 일정 결실을 보게 된다. 콘스탄티노플의 여황 이레네(Irene)는 그해 9월 24일부터 10월 23일까지 니케아의 성

---

[44] 이 당시 유명한 성상 하나만 가지고 있으면 그 성상이 그 수도원에게는 무궁무진한 재물과 명예의 원천이 되었다. 수사들은 성상 숭배, 유물 숭배 등 민중 사이에 행해진 종교적 풍습에 기꺼이 영합하였는데, 그것은 그들의 수입을 늘리기 위한 것일 뿐 아니라 자신의 세력을 신장하기 위한 것이기도 했다. Hauser, *The Social History of Art*, 162-63.

소피아 사원에서 공의회를 소집했다.

이 여덟 번째 회의에서 고위 성직자들은 하나님의 상과 관련된 성서를 검토하고 여러 다른 이미지 숭배에 관한 해석도 규정하였다.[45] 이때 성상 파괴주의자들에 대하여 몇 가지 제안을 하였는데 그들의 신학적 주장을 제외한 일반적 입장을 살펴보면 크게 네 가지로 요약할 수 있다.

첫째, 당시 교회의 지도자들이 교회의 자치권을 주장한 점이다. 비록 교회가 국가와 밀접하게 관련되어 있을지라도 교회 내의 문제에 대한 지나친 황제의 간섭을 배격하고자 한 주장이다. 요하네스 다마스케누스(Johannes Damascenus)도 일상사에 있어서는 황제의 명령을 따르고 교회의 문제에 관해서는 교회 지도자를 따라야 한다고 주장했으며, 스투디오스(Studios) 수도원장 데오도르(Theodore)는 황제는 교황에 대하여 어떠한 권력도 가져서는 안 된다고 주장하며 교황을 지지하였다.[46] 교황 그레고리(Gregory) 3세(731-41)는 731년에 로마에서 노회를 소집하고 황제를 지지하던 성상 파괴자들을 정죄하였다.

---

[45] 기존 물질로 그려지고 조각된 십자가와 하나님의 상에 관한 표현 이미지들은 길, 집, 의복, 성작에 놓여져야 한다. 이러한 성상들은 예수 그리스도의 말씀을 듣고, 성도의 말씀을 듣고, 천사와 성인들의 말씀을 듣도록 돕는다. 이 성상을 보는 사람은 볼수록 표현된 분을 회상하게 되고 또 그분께 존경과 숭배를 표할 마음이 생기도록 해야 한다. 그분을 표현함이 없는 경배는 유일하신 하나님께 드리는 경배로서 적합하지 않다. 그리고 성스러운 십자가의 상과 성스러운 복음서, 성지(聖地)도 숭배와 추종, 찬양의 표지로서 그분께 바쳐져야 한다. Gaston Zananiri, *Histoirede L'gliseByzantine* (Paris: Nouvelles Edition Latines, 1954), 166-68.

[46] Geanakoplos, "Byzantium", 223-24.

둘째, 황제가 부단히 증가하고 있던 수도원 세력을 억제하자 수도원의 수사들은 성상 파괴령에 강력히 반대하였다. 그 당시 고위 성직자들과 수도원은 제국 내의 가장 큰 지주였을 뿐만 아니라 면세의 특권도 향유하고 있었던 상황에서 레오 3세의 성상 파괴령은 수도원이 소유하고 있던 가장 힘 있는 자산을 앗아간 것이라고 할 수 있다. 이것은 성상의 제작자이며 소유자이자 관리자였던 수도원으로서는 큰 타격이 되었으며, 이보다 더 큰 타격이 된 것은 성상 주변에 감도는 신비스런 분위기와 성상에서 출현하는 일련의 기적을 보일 수 있었던 지위와 권위를 상실하게 되었다는 점이다.[47] 한편, 성상들에 바쳐진 헌금은 수도원의 중요한 재원이 되고 있었는데 성상 파괴령으로 인하여 수도원은 재정적 손실을 크게 입게 된다.

셋째, 그 당시 전쟁의 불안 속에서 민중들의 성상에 대한 숭배는 그들에게 심리적인 안위와 신변을 보호해주는 수호신과 같은 상징적인 힘이 있었다.[48] 당시 비잔틴 사람들은 지중해 도시를 통해 넓게 여행을 하면서 향수병에 시달렸는데 여행자들은 조국의 성인성상을 통해 심리적 안정을 찾기도 했다.

넷째, 수도원의 경건은 비잔틴인의 신앙의 표본이었는데 수사들이 성상을 통해 간음과 정념의 유혹을 극복하려고 했던 점은 심리학

---

[47] 수도원에 대한 박해가 시작된 것은 성상 파괴령이 나온 30~40년이 지난 후부터이고 레오 3세 치하에서는 수도사들에 대한 직접적인 박해는 없었다. 수도원에서 파괴령에 대한 반대가 시작되면서부터 그들에 대한 개인적인 박해가 시작되었다. Hauser, *The Social History of Art*, 163.

[48] Brown, "Dark-Age crisis: aspects of the Iconoclastic controversy", 17.

적 신빙성이 있다. 또 그들의 영성생활을 도와주는 성상의 순기능적인 면은 성상 파괴를 반대하는 수도원의 입장을 고무시켰다.[49]

IV. 맺는 말

어느 시대를 막론하고 예술은 그 시대의 정신을 반영한다. 중세 기독교 미술의 여러 성화상들도 미술작품으로서 성서 및 교리의 내용을 재해석하여 반영하고 있다. 그러나 유감스럽게도 성상 논쟁으로 인하여 현존하는 8세기의 작품과 주된 문헌은 거의 없기에 성상을 통해 당대의 신학이 어떻게 반영되었는지를 알 수가 없다. 기독교 사상에 흐르고 있는 두 맥락 중에서 히브리의 일원론적 사상보다는 헬레니즘의 이원론적 사상이 그레코-로만 양식을 계승한 초대 기독교 미술에 기적사화가 수반되면서부터 민중을 중심으로 성상에 대한 적극적인 숭배 행위가 나타나기 시작한다. 성상은 그 당시 문맹이 다수였던 민중들의 신앙의 구심점이기도 했다.[50] 하지만 이것은 곧 우상 숭배, 물질 숭배화 되어 교회와 사회에 물의를 일으키게 되었고 교황과 황제들 각자의 지지자들에 의해 약 2세기에 걸쳐 저마다의 변증적 기독론을 발전시키는 동기가 된다. 그러나 그 논쟁의

---

[49] 앞의 책, 19.
[50] 앞의 책, 9.

저변에는 항상 교황과 황제, 수도원의 상호 정치경제적인 긴장과 외세의 영향이 개입되어 이로 인해 수차례의 공의회가 열리게 되었다. 이 논쟁의 영향은 지대하여 동서 교회의 분리에 결정적 계기가 되었으며 오늘날의 기독론 대부분도 이 시대에 신학적인 체계를 갖추게 된다. 기독론에서 출발한 '성화상 논쟁'은 이미지에 관한 신학적 담론으로 점차 종합되어 예배에 있어서 이미지 사용이 가능하다는 결의로 논쟁은 잠정적인 종식을 한다. 형언할 수 없는 것을 가시적 형태로 숭배하고 싶어 하는 종교적 감정의 욕망은 오늘도 새로운 형상을 만들어내고 있다.[51]

개신교의 말씀 중심의 교리는 오늘날 교회 안에서 이미지에 관한 신학적 담론을 재론하기에는 이미 그 스스로 힘을 잃었다. 설교에 다양한 이미지가 동원되고 목회자의 형상이 지성소 앞에 펼쳐진 지 오래다. 오늘날 교회 안에서의 이미지 수용에 관한 논쟁은 신학적 논제에 앞서 시각문화 시대정신의 반영이라고 할 수 있다. 그럼에도 불구하고 교회 안에서의 이미지 담론을 둘러싼 논쟁은 그 효력을 잃고 지금은 교회 및 목회자의 프로파간다와 설교, 그리고 선교의 방편으로서 이미지의 오용과 남용이라는 사회의 비난 문제만 남아 있는 듯하다.

---

[51] J. Huizinga, *The Waning of the Middlle Ages*, A Doubleday Anchor Books (New York : Doubleday & Company, Inc., 1954), 200.

성화상에 대한 종교개혁가들의 태도

I. 머리말

유대교 미술에서는 인간의 몸에 대한 표현은 가능하나 머리를 표현하는 것은 금지되었으며 얼굴은 동물의 머리로 그려야 했다. 이슬람의 종교미술에서는 모든 상징적 표현 형태를 금지하고 있는데 창조 과정은 오직 신만의 능력이며, 예술이라는 이름으로 도전받아서는 안 되는 것이었다.

기독교에서 성화상에 관한 대표적인 논쟁 담론 시작은 동방에서의 8세기 레오 3세가 시작한 성화상 파괴령을 들 수 있다. 구약의 십계명은 성화상 파괴주의자들이 주장하는 가장 중요한 텍스트였고, 성화상 숭배자들은 예수 그리스도는 하나님의 살아 있는 성화상이며 사람도 하나님 형상의 피조물이라고 주장했다. 그러나 이 문제는 형상 숭배 논쟁만이 아니라 국민들이 성화상을 중심으로 구심점을 이루는 것에 대한 황제와 교회 사이의 정치적 문제, 그리고 성화상을 제작하여 큰 수입을 얻고 있던 수도원과 교회 사이의 경제권 문제, 신학적으로는 기독론 논쟁 문제까지 포함된 대담론이었다.[1] 이 논쟁의 발단은 동방교회에서 우상 숭배 문제로 시작되었지만 서방교회에서의 성화상 숭배는 성인 숭배로까지 연결되어 중세 말엽에는 순례자들에 의해 최고조에 달했다.[2]

면죄부 판매를 비롯하여 지나친 형상 숭배 현상은 종교개혁을 일으키게 된 여러 원인 중의 하나가 되었으며 종교개혁가들 중에서도 특히 독일의 칼슈타트(Karlstadt, Andreas Rudolf Bodenstein von, 1480-1541)와 스위스의 츠빙글리(Ulrich Zwingli, 1484-1531), 프랑스의 칼뱅(Jean Calvin, 1509-64)이 성화상 파괴의 중심인물이었다. 루터를 포함한 종교개혁가들은 성화상 숭배와 성인 숭배가 가톨릭교회를 미신으로 전락시키고 있는 가장 큰 요인이라고 여겼고, 이들의 공통사상이라고 할 수 있는 다섯 가지 주장(five Solas)[3]에 반하는 것이기도 했다.

가톨릭교회가 미신으로 전락해가던 상황으로 인해 종교개혁가들

---

[1] 이정구, "8세기 성화상 논쟁의 시대적 요인", 『한국교회사학회지』 27 (2010. 11), 67-91 참고.

[2] Carl C. Cristensen, *Art and the Reformation in Germany* (Athens: Ohio University Press, 1979), 22.

[3] Sola Scriptura, Solus Christus, Sola Gratia, Sola Fide, Soli Deo Gloria.

은 이미지를 우상으로 인식하고 교회를 온전히 말씀 중심으로 되돌리는 길은 형상을 교회 안에 비치하거나 예배하는 행위를 철저히 금지하는 길밖에 없다고 믿었다. 종교개혁가들이 공통적으로 갖고 있는 이미지에 대한 신학은 그리스도의 '화육'(incarnation) 신학과 '성만찬'(sacrament) 신학, 그리고 동방교회와 이슬람과 관련이 있으나 이 영역은 이 글에서는 다루지 않는다.

이 글은 교회 안에서의 이미지 숭배는 물론, 성화상 자체를 거부했던 종교개혁가들의 이미지에 대한 태도에 관해 살펴보는 것이다. 칼뱅주의 신학을 표방하는 장로교회를 비롯한 현대 한국 개신교회들의 이미지에 관한 신학적 인식과 또 교회 내에서 이미지를 적절하게 사용하고 있는지에 관한 반성의 글이기도 하다. 교회 벽에 걸려 있는 예수의 초상 사진도 그러하지만 현대 테크놀로지의 산물인 폐쇄회로를 통한 설교자의 일거수일투족이 방영되는 것도 이미지다. 문자 이미지인 현수막을 비롯하여 헌금봉투에 그려진 이미지에 이르기까지, 남용에 가까우리만큼 이미지를 활용하고 있는 오늘의 교회 현상에 대한 반성이기도 하다. 종교개혁가들이 주장했던 이미지에 관한 부정적인 사상이 그 당시 개혁을 해야 할 시대적 상황 때문에 더 극단적으로 되었다고 할지라도[4] 대중매체 시대에 있는 한국 개신교회가 그 개혁신학 사상을 토대로 이미지를 교회 안으로 적극 수용

---

[4] 이미지를 반대했던 종교개혁가들이 가톨릭의 수도승이나 사제들로서 봉직했던 종교개혁 이전과 그 후의 이미지에 관한 사상이 같았다고 할 수는 없을 것 같다.

하는 변화를 보이고 있으나 그것이 적절한 것인지에 대한 성찰이다.

II. 1517년 직전의 로마 가톨릭교회

교황으로부터 면죄부 판매 독점권을 받은 도미니크 수도회와 경쟁관계에 있던 아우구스티누스(Augustinus)파 수도원[5] 수도승이던 루터가 1517년 10월 31일 비텐베르크(Wittenberg) 제성교회(Church of All Saints)의 목조대문에 '95개 조항(Ninety-five theses)'을 붙임으로써 종교개혁이 시작되었다. 이 직전의 로마 가톨릭교회는 족벌 성직(Neptismus)과 성직 매매(Simonie), 면죄부 판매, 그리고 베드로 사원 신축을 위한 부당하고 과도한 세금 징수, 성화상과 성인 숭배로 인해 교황과 성직자를 포함한 교회의 타락이 극점에 달한 시기였다.[6]

---

[5] 성 아우구스티누스가 사망하기 7년 전인 423년에 그가 수도원의 일치를 복원하기 위해 수녀들에게 보낸 편지의 내용들을 규칙으로 삼아 11세기 중엽 몇몇의 사제가 공동생활을 시작한 것을 출발로 12세기에는 유럽 전역으로 확산된 수도원이다. 루터가 수도승일 때는 3,000개의 수도원과 300개의 수녀원이 있었다. Peter and Linda Murray, *The Oxford Companion to Christian Art and Architecture: The Key to Western Art's Most Potent Symbolism* (Oxford: Oxford University Press, 1998), 41.

[6] 1501년 10월 31일 발렌티노 공작은 바티칸에서 섹스 파티를 열었는데 그 파티에 교황 알렉산더 4세도 참석했다고 한다. Johann Burchard, *Liber Notarum* (Cita di Castello, n.p.1., 1906)을 Georgina Masson이 번역한 *Courtesans of the Italian Renaissance* (New York: St. Martin's Press, 1975), 8을 Richard Sennett, *Flesh and Stone*, 임동근 외 2인 옮김, 『살과 돌』(서울: 문화과학사, 1999), 251에서 재인용.

루터는 면죄부 판매를 둘러싼 대립을 기화로 교황의 권위, 연옥론, 성인 숭배, 고해, 성만찬 등의 가톨릭교회 교리들이 교회의 본질을 타락시키는 것임을 인식하고 개혁운동을 시작했는데 이 운동은 비단 종교계뿐만 아니라 정치 사회 예술에까지 영향을 미치게 되었다.[7] 당시 시대적 분위기는 교회 안에서의 이미지 사용을 문맹자들에게 유용하며 신앙심을 고양시킬 수 있는 매체로 여기고, 사람들은 예술품을 교회에 기증함으로써 자신의 영혼과 가문이 구원을 받을 수 있다고 믿던 상황이었다.

유럽 북부의 종교개혁(1517년)보다 100여 년 앞서 유럽 남부를 중심으로 르네상스가 발생하였지만 1517년에 가까운 시기에 제작된 유명한 작품을 보면 다 빈치(Leonardo da Vinci, 1452-1519)의 '최후의 만찬'(1495-97)과 '모나리자'(1503-05), 미켈란젤로(Michelangelo di Lodovico Buonarroti Simoni, 1475-1564)의 '피에타'(1497-99)와 시스티나 채플(Aedicula Sixtina) 천장화(1508-12) '아담의 창조'와 '최후의 심판', 히에로니무스 보슈(Hieronymus Bosch 혹은 Jerome Bosch, 1450-1516)의 '최후의 심판'(1504년경)과 '지옥도'(1500-10년경), 뒤러(Albrecht Dürer, 1471-1528)의 '아담과 이브'(1504), 라파엘(Sanzio Raffaello, 1483 -1520)의 '아테네 학당'(1509-10) 정도를

---

[7] 루터가 95개 조항을 붙이는 날을 10월 31일로 택한 것은 그 다음 날인 11월 1일이 교회력으로 제성일(All Saints' Day)이며 그날은 성인들의 유물을 많이 소장하고 있는 비텐베르크의 제성교회로 독일 전역에서 모든 계층의 많은 사람들이 모이기 때문이었다. Philip Schaff, *History of the Christian Church: The German Reformation* (Michigan: WM. B. Eerdmans Publishing Company, 1977), Vol. Ⅶ, 156.

들 수 있다. 이 당시 제작된 작품의 주제는 '최후의 심판'이 주종을 이루었다. 이것은 종교개혁 직전 수십 년 동안의 로마 가톨릭교회의 신앙 양태를 엿볼 수 있는 단서가 된다. 고딕성당의 정문 팀파눔 (tympanum)에도 '최후의 심판'이 부조되었고 유명한 작가들에 의해 주문 제작된 제단화의 주제도 주로 '최후의 심판'이었다.[8] 특히 죽음을 형상화하는 것은 중세 말에 유행하였는데,[9] 적어도 15세기에는 죽음이 그 시대의 상상을 지배했기 때문이다.[10] 종교개혁 직전까지 중세인들은 출생, 결혼, 죽음에 이르기까지 교회에 예속되어 있었으며, 또 교회가 주로 가르치는 '최후의 심판' 이미지를 보고 생활하면서 죽은 후 자신과 가족의 영혼이 구원받기 위해서는 생전에 공덕(功德)을 쌓으며 교회가 요구하는 모든 것(면죄부 판매, 세금)에 충직하고 헌금을 성실히 하라는 가톨릭의 교리를 이행해야만 했다.

　오랜 기간 가톨릭교회의 우상 숭배적인 성직자 중심과 물질 중심의 교리가 우상 파괴적인 '말씀 중심'을 강조하게 된 종교개혁을 태

---

[8] 11, 12세기 유럽 고딕성당 정문의 팀파눔 장식의 주된 주제는 '최후의 심판'이다. 그리스도상은 중앙에 가장 큰 크기로 위치하고 있으며 그 양쪽에는 4명의 복음서 저자들이 있다. 미가엘 대천사가 죽은 자의 죄를 가늠하는 모습이 조각되고, 이 죽은 자들은 그리스도의 왼편에, 구원 받은 자는 그의 오른편에 위치한다. 현대인들이 다양한 상업적 홍보물 매체 속에서 살고 있듯이 유럽의 중세인들은 시시처처에서 볼 수밖에 없는 '최후의 심판'이라는 시각 매체 속에서 살았다고 할 수 있다.

[9] J. Huizinga, *The Waning of the Middle Ages: A Study of the Forms of Life, Thought and Art in France and Netherlands in the Dawn of the Renaissance* (New York: Doubleday Anchor Books, 1954 ed.), 151.

[10] Donald J. Wilcox, *In Search of God and Self: Renaissance and Reformation Thought* (Boston: Houghton Mifflin Company, 1975), 차하순 역, 『신과 자아를 찾아서』(서울: 이화여자대학교 출판부, 1985), 387-86.

동하게 한 원인이 되었다. 종교개혁 당시 국민은 세 갈래로 나뉘어 졌는데 그것은 가톨릭, 루터파, 그리고 토마스 뮌처(Thomas Müntzer, 1490-1525)의 혁명세력이다. 화가들은 이 틈바구니에서 혁명에 참가 하여 사형당하거나 망명을 했다.[11] 그러나 남부 유럽 지역의 가톨릭 교회에서는 북부 유럽의 종교개혁에 대응하여 가톨릭교회의 내적 갱신을 꾀하는 동시에 교황의 권위를 드높이고 교회를 더욱 굳건히 하려는 가톨릭 종교개혁이 일어났다.

Ⅲ. 우상과 예술

가톨릭교회의 신앙 양태가 성인과 성화상 숭배가 지나쳐 미신이 될 만큼 기복적으로 변질된 가장 큰 원인은 위에서 밝힌 것처럼 베 드로 사원 건축 기금 마련을 위한 세금 징수와 면죄부 판매에서 비 롯되었다고 할 수 있다. 민간 토속 신앙뿐만 아니라 고등종교에 이 르기까지 모든 신앙 양태에는 기복성이 내재해 있지만 중세 말 르네 상스 초기에는 가톨릭교회의 부패와 기복성은 극에 달했다.

교리에 따라 모든 시각 이미지가 우상이 될 수는 있지만 모든 우

---

[11] 메디치가 피렌체에서 전제화했을 때 다빈치와 미켈란젤로는 그 도시를 떠났고, 영주에 게 고용된 화가로서 뒤러, 크라나흐(Lucas Cranach, 1472-1553), 그뤼네발트(Mathis Grünewald, 1455-1528) 등은 루터파에 가담하였는데 그 자체가 가톨릭적 봉건체제에 저항하는 것이었다. 富山妙子, 이현강 옮김, 『해방의 미학』(서울: 한울, 1985), 65-66.

상이 예술이 될 수 있는 것은 아니다. 르네상스의 인본주의는 고전 연구를 통해 보편적 가치를 추구하는 것으로써 다양한 문제에 다양한 시각으로 사변적인 철학을 연구하는 것이었다. 특히 미술과 관련한 인본주의의 영향도 고전적 주제와 양식에 관한 것이었다. 문학도 철학적일 수 있다는 것을 보여주는 작품이 라파엘로의 프레스코화 '아테네 학당'(1510)이다. 이 작품은 다빈치가 '최후의 만찬'에서 보여준 것과 같은 구성적 법칙을 이용하여 활동했던 시대가 다른 고대의 사상가들을 동일한 장소와 시간에 모여 있게 함으로써 고대의 지적 유산 전체를 담아냈다. 이처럼 철학적 사상과 가치를 표현하는 것이 최고의 작품으로 평가된 시기였는데,[12] 이런 점에서 종교개혁 직전의 유럽 '르네상스의 우상'은 신앙의 대상은 아니었지만 '고전'이었다고 할 수 있다. 다빈치[13]도 초상을 그렸는데 라파엘의 초상화처럼 섬세하지 않았고 주로 세속적인 초상이었던 것에 비해 특히 라파엘은 그 당시 거장들이 별로 관심을 보이지 않았던 종교적인 인물 초상화[14]에서 뛰어난 재능을 발휘하였다.[15] 그러나 이러한 초상화도 당시 유명한 작가들의 제단화 작품처럼 당대의 철학적인 시대정신

---

[12] Robert Williams, *Art Theory: An Historical Introduction* (Chichester: Wiley-Blackwell, 2009), 68.

[13] 다빈치의 초상화로서는 '담비를 안은 여인'(1484)와 '모나리자'(1504)를 들 수 있다.

[14] 라파엘의 작품에서 우아하고 이상적이며 개성적으로 표현한 초상화와 같은 작품을 들면 '갈라테이아의 승리'(1512), '교황 레오 10세와 그의 조카들'(1518), '산 위에 나타난 예수'(1518), '교황 레오 10세'(1519), '아테네 학당'(1510) 등이다.

[15] Charles N. Nauert, Jr., *Humanism and the Culture of Renaissance Europe*, 진원숙 옮김, 『휴머니즘과 르네상스 유럽문화』(서울: 혜안, 2003), 205-18.

을 작품으로 표현하였다. 루터의 종교개혁 이후 프로테스탄트가 종교미술을 우상으로 치부하고 부정하자 종교화가로 출발했던 한스 홀바인(Hans Holbein, 1497-1543)은 점차 초상화에 주력하게 된다.[16] 후에 주로 루터의 초상화를 그렸던 루카스 크라나흐(Lucas Cranach, 1472-1553)도 독일 숲을 배경으로 한 고대 신화를 표현했던 화가다.

초기 카타콤 시대부터 성서 내용이나 성인의 행적을 담은 시각 이미지들이 예배 처소에 안치되었는데 이것의 주된 목적은 문맹이 많던 당시에 성서 내용과 교리를 그림이나 상징으로 표현하여 신자들을 교육하고 그들의 신앙심을 고취시키기 위함이었다. 그러나 이러한 시각 이미지에 기복과 치유를 바라는 부적과 같은 기능이 부가되면서 종교 이미지들이 미신의 대상으로 전락하게 되자, 동방교회에서는 황제 레오 3세(717-41)가 십계명에 위배된다는 명분으로 726년 성화상 파괴령을 발표하였다.[17] 서방교회에서는 이미지에 관한 논쟁은 없었으나 큰 교리적 장애 없이 교회는 이를 선별하여 수용하였다. 비잔틴과 로마네스크 양식과 다르게 고딕 시대에 와서 시각 이미지는 그 표현이 구체적이며 사실적이었기 때문에 더 우상적일 수 있다는 논쟁을 피하지 못했지만 색 유리창을 비롯하여 제단화와

---

[16] 다까하지히데지 감수, 유재길 옮김, 『서양미술사』(서울: 조형사, 1994), 97.

[17] 이정구, 위의 책 참고; 위 논쟁은 교회 안에서 이미지를 사용하게 됨으로써 사람들은 그 물질에 우상 숭배를 하게 되며 십계명에 반한다는 것뿐만 아니라 무한하신 신성을 유한한 물질에 담을 수 없다는 것이었다. 또 성화상을 제작하고 그것에 기적사화를 덧붙여 독점 판매함으로써 발생하는 수도원의 수입에 대한 황제와 교회, 수도원과의 갈등 문제까지 있었다. 결국 이 논쟁은 예수 그리스도는 살아 있는 하나님의 성상이라는 기독론 논쟁을 불러일으켰지만 수차례의 논쟁 후에도 결론은 나지 않았다.

팀파눔에서 꽃을 피웠다. 이것은 교회를 장식하는 기능을 했을 뿐만 아니라 신자 교육과 사람들에게 세속에서 신의 도성을 보여주려는 목적도 있었으나 그 도가 지나쳐 중세 민중들은 교회 건축을 위한 인력 동원과 세금 징수를 피할 수 없었다.[18] 더구나 종교개혁 직전에는 도미니크 수도원이 면죄부 판매 독점권을 갖게 되자 루터가 속해 있던 아우구스티누스파 수도원 측의 반감은 교회 안에서의 종교 시각 이미지의 가치에 대한 부정적인 반감으로 증폭되기 시작했다.[19]

1503년 교황이 된 율리우스 2세는 전쟁에서 승리를 하고 교황령을 되찾았으며 특히 뛰어난 예술가들을 발굴했다. 베드로 사원 개축을 위해 면죄부 판매를 공식적으로 허용한 것도 율리우스 2세였으며 로마를 아름다운 도시로 꾸미기 위해 미켈란젤로를 설계자로 중용하기도 했다. 그의 뒤를 이은 같은 메디치 가문의 레오 10세도 라파엘을 적극 후원하였는데, 이 기금 마련을 위한 면죄부 판매로 인해 젊은 루터와 갈등을 겪게 된다.[20] 중세 때 익명이었던 작가들은 자신을 드러내며 활동을 하기 시작했고 트리엔트 공의회 이후 예술작품도 교회 당국의 검열을 받게 되었다. 종교개혁의 종교예술을 향한 공격은 중세 후기의 일반적 사상을 발전시킨 것인데[21] 감각적인 것

---

[18] 루터의 95개 조항 중 86번은 "교황은 세상에서 가장 부자보다 수입이 많은데 가난한 신자의 돈이 아니라 자신의 돈으로 베드로 성당 같은 성당 하나를 세우지 않는가"라고 묻는다.

[19] 종교개혁 직전까지 루터는 제단에서 성모 마리아에게 기도했고 성인들의 중보를 믿던 신실한 가톨릭 수도승이었다. Philip Schaff, 위의 책, 126-27.

[20] Jacqes Barzun, *From Dawn to Decadence*, 이희재 옮김, 『새벽에서 황혼까지 1500-2000』 1권 (서울: 민음사, 2006), 147.

과 신적인 것의 분리를 확고히 한 것이라고 할 수 있다. 즉 가시적인 게 신적인 것을 모방하는 데 사용될 수 없다는 걸 강조한 것이다.[22] 뒤러는 1510년 즈음 성상 숭배에 관해서 "무기가 살인하는 것이 아니며 살인자가 무기를 이용해 살상하는 것이다. 성상도 이와 같다" 라고 했다. 루터도 성상의 부적절한 사용과 남용을 비난한 이와 유사한 글을 썼는데 이 문구는 이미지 논쟁 조정에 항상 언급되는 준거로 사용되기도 했다.[23] 1517년 직전에 교회 갱신을 향한 에라스무스도 성상 숭배는 무지하고 유치한 짓이라고 했다.[24]

종교는 형상에 대한 우상 숭배의 위험을 경고하며 예술은 예술을 위한 예술이라는 모토 아래 우상 숭배의 위험을 반대한다.[25] 그럼에도 불구하고 종교는 끝없이 예술을 찾는다. 형식(form)과 형상(fig-

---

[21] 이것은 보편논쟁의 연장이기도 하다. 모든 명사는 유한한 것에 대한 명칭인데 무한한 신에 대한 명사를 발견한다는 게 가능한 것인지에 대한 질문이기도 했다. 즉 감각적인 이미지가 신성한 것과 유비될 수 있는지에 대한 문제였는데 결국 감각적인 건 신성해지지 않고 현세적인 게 된다는 주장이다. 실례로 14세기에 이르러 신성을 상징하는 황금 빛 배경이 유비론의 사멸과 함께 더 이상 나타나지 않는다. 그리고 르네상스 시기에 와서 원근법과 형태에 대한 관심이 부각되게 된다.

[22] Karsten Harries, *The Meaning of Modern Art*, 오병남 외 1인 역, 『현대미술: 그 철학적 의미』(서울: 서광사, 1988), 32-33.

[23] "*Non est disputatio de substantia, sed usu et abusu rerum*"; Martin Luther, *Werke, Kritische Gesammtausgabe*, Böhlau. Weimar, 1883-1980, 28, 554; Joseph Koerner, "The Icon as Iconoclash", Bruno Latour and Peter Weibel (eds.), *Iconoclash* (Cambridge: The MIT Press, 2002), 178에서 재인용.

[24] 에라스무스는 『우신예찬』에서 "나는 종종 나의 예배를 방해하는 새겨지거나 그려진 형상이 필요할 만큼 바보는 아니다. 유치하고 어리석은 대중 가운데는 성인들을 경배하듯 형상에 경배하는 사람들이 있다"며 성상에 대한 부정적인 주장을 했다. Gerardus van der Leeuw, David E. Green (trans), *Sacred and Profane Beauty* (London: Weidenfeld and Nicolson, 1963), 184.

[25] 앞의 책, 187.

ure) 없이 생명을 유지할 수 없기 때문이다. 레에우(Leeuw)는 이것을 예술이 삶의 일차적 형식이기 때문이라고 말한다.[26]

IV. 성화상에 대한 종교개혁가들의 태도

종교개혁이 시작될 즈음 가톨릭교회의 성인 숭배가 성상과 제단화 제작을 부추겼는데 종교개혁가들은 교회 안에서 성서를 제외한 성화상 같은 시각 이미지를 사용하는 것은 신앙을 미신으로 이끌고 교회의 부패로 이어진다고 생각했다. 또 예배와 교육의 보조매체로서도 시각 이미지 사용을 용인하지 않았다. 성인 숭배는 성상 숭배로 이어지고 성상 숭배는 미신 같은 기복신상과 성상 그 자체의 물질을 숭배하는 것으로 이어진다고 믿었기 때문이다. 그러나 모든 종교개혁가들은 이에 관한 신학적 일치를 보지 못하게 되자 교회 안에서 과격한 급진주의자들의 성화상 파괴가 더 극심하게 되었다. 종교개혁가들 중에서 성화상 파괴에 대한 대표적인 인물이 칼슈타트(Andreas Karlstadt, 1480-1541)이다.

---

26 앞의 책, 189.

1. 칼슈타트

루터보다 연배가 높았던 칼슈타트는 초기에는 루터의 사상에 동
감을 하고 적극 동참하였다. 초기에는 플라톤의 실재론을 지지하다
가 후기에는 유명론에 가까운 주장을 하였는데, 그는 구약을 율법적
으로 적용하여 쓴 '성상 배격에 관하여(Von Abtuhung der Bylder, On
the Rejection of Images, 1522)'[27]라는 급진적인 글 때문에 선제후 프
리드리히에게 소환을 당해 당시 개혁운동에서의 그의 임무에 관해
심문을 받기도 했다. 칼슈타트는 이 글에서 성상과 우상을 동일시하
고 있는데, 성상을 바라보기만 해도 우상을 숭배하는 것과 같이 제1
계명을 범하는 것이며, 이는 간통이나 살인보다 더 큰 극악 대죄라
고 단정했다.[28] 신앙의 경건성을 비교할 수는 없지만 당시 성인과 성
상에 숭배했던 사람들의 신앙 양태는 성상 파괴자들보다 비이성적
이거나 감성적이었으며 외형적으로는 더 경건하게 나타났을 것이라
고 추측할 수 있다. 성상 파괴자들은 이미지 숭배에 대해 격하게 분
노를 드러냄으로써 자신들의 믿음이 굳건하다는 걸 증명해 보이듯
했을 것이라는 점도 추정할 수 있다.

---

[27] *Encyclopaedia Britannica* vol. 13 (Chicago: The University of Chicago, 1970),
239.
[28] "교회 안에 성상을 두는 것은 내 앞에 다른 신들을 두지 말라는 제1계명에 어긋난다. 그
러므로 우리는 성경에 순종하여 그것들을 제거해야 한다. 그림에서 배울 수 있는 것이
란 육체적인 걸 존중하는 것밖에 없지 않은가? 그리스도께서는 '살리는 것은 영이니
육은 무익하니라 (요 6:36)고 말씀했다." 결국 1523년 5월부터 1524년 9월까지 칼슈
타트는 교회 안의 모든 성상을 제거하였다. http://theology.ac.kr

케빈 월(Kevin Wall)은 종교개혁으로 인해 예술이 성상 파괴에 이를 만큼 몰락하고 종교예술이 사라지게 된 것을 중세 사상의 마지막 흔적으로 보기도 한다.[29] 폴 틸리히(Paul Tillich)는 "초기 개신교주의와 교회(evangelical)에서 진보주의의 성상 파괴 운동이 교회 안에서 시각예술의 사용을 모두 죄악시(condemn)했다는 것이다. 눈의 예술을 거부하는 배후에는 우상 숭배로 타락하는 것에 대한 공포가 있는데, 이 흐름은 초기 성서 시대부터 오늘에 이르기까지 서양과 이슬람 세계를 관통하여 내려오고 있으며 눈의 예술이 귀의 예술보다 우상 숭배적인 죄악(demonization)에 보다 개방적"이라고 했다.[30] 이 당시 성상 파괴 운동이란 신성성은 상(像)에 나타나는 게 아니라 성서 안에 있는 것이며 영혼이 성령과 가까이 인도할 수 있는 힘은 음악이 지니고 있기 때문에 신성성의 숭배는 상 숭배가 성서와 음악 숭배로 변화되어 나타난 것이라고 할 수 있다.[31]

2. 루터

루터는 종교개혁 초기부터 화가 크라나흐를 통해 종교개혁에 관한 그의 초상을 넣어 대중에게 보급하였다. 루터의 95개 조항 중 79

---

[29] Kevin Wall, *A Classical Philosophy of Art*, 박갑성 역, 『예술철학』(서울: 민음사, 1987), 86.
[30] Paul Tillich, Robert P. Scharlemann (trans.) "Systematic Theology", *On Art and Architecture* (New York: Crossroad, 1989), 163.
[31] 진형준, 『성상파괴주의와 성상옹호주의』(서울: 살림, 2005), 71.

번은 넓은 의미에서 종교 시각 이미지에 관한 것인데 "교황의 문장으로 장식된 십자가상이 그리스도가 매달려 죽으신 그 십자가와 똑같은 가치를 지닌다고 말하는 것은 신성모독"이라고 주장했다. 이것은 교황의 권위에 대한 도전 이전에 교황의 문장, 즉 표현된 종교적 시각 이미지는 표현 대상인 원형만큼 동일한 가치를 지닐 수 없음을 밝힌 것이며 종교 시각 이미지가 갖는 가치와 이미지 자체를 부정한 것으로 단정할 수는 없다. 그러나 루터는 80번에서 이런 유의 가르침, 즉 면죄부 설교뿐만 아니라 이러한 이미지에 권위와 신성을 부여하고 남용하는 것을 수용하라고 "선포하는 것에 대해 묵인하고 있는 주교와 사제, 신학자들은 이에 대한 책임을 져야 한다"라고 했다. 이미지 자체가 우상은 아니며 이미지를 대하는 사람의 마음과 태도에 따라 우상이 될 수 있는 것이다. 이미지를 통해 원형을 환유할 수 있다면 그것은 우상이 아니지만 이미지 자체에 원형과 유사한 권위와 신성을 부여하고 그 물성(物性)에까지 흠숭(欽崇)을 한다면 그것은 우상이다.

사람이 이것을 분별하여 행하기란 용이하지 않기 때문에 교회 안에 비치된 신성한 이미지들은 그 자체로서 자칫 우상으로 전락할 수 있는 위험을 지니고 있다는 설은 가능하다. 특히 종교개혁 직전의 유럽 교회에서는 이미지 숭배가 지나쳐 예술품조차도 우상으로 전락하고 있던 상황이었는데, 종교개혁가들은 이러한 교회 안의 시각 이미지들을 파괴함으로써 이미지가 미신으로 전락할 수 있는 속성 자체를 제거하려고 했다. 교회는 여러 주제의 이미지 중에서도 '최

후의 심판' 화로 '칠성사'와 함께 대다수의 중세 대중에게 피안의 세
계에 대한 두려움이라는 우상을 심어주고 또 이를 남용하여 소정의
목적을 효과적으로 달성할 수 있었을 것이다. 중세 말, 아리스토텔
레스적 유명론의 출현과 인문주의, 그리고 의인화된 예술 형식이 가
톨릭교회에 수용되고 또 이것을 지향한 르네상스가 서구와 교회를
타락시킨 요인이라는 동방의 칼로키리스(Kalokyris)의 주장[32]에 전
적으로 동의하지 않는다고 할지라도 당시의 이러한 시대정신이 교
회의 타락을 가속화한 것은 분명하다.

3. 칼뱅

칼뱅은 "그림과 상들을 성인들에게 봉헌하는 것이 가장 타락한 욕
망의 역겨운 짓이 아니고 무엇인가"[33]라고 하면서 교회 안의 이미지
들에 혐오감을 갖고 심하게 배척을 했다. 그는 참된 하나님과 우상
은 일치될 수 없으며,[34] "하나님의 신성은 그 어느 것으로든 옮겨질
수 있는 것이 아니다"[35]라고 주장 했다. 칼뱅은 신학의 기본을 다른
인문주의자들과 같이 인간에 두었지만 인간의 자만심에 대해서는

---

[32] Constantine D. Kalokyris, P. A. Chamberas (trans.), *The Essence of Orthodox Iconography* (Brookline, Mass.: Holy Cross School of Theology, 1971), 7.
[33] John Calvin, *Institutes*, I, 11, 7: "교회가 동정녀라고 치장해서 보이는 상보다는 창녀 집이 매춘부를 치장해서 보이는 것이 더 덕스럽다."
[34] 앞의 책, I, 11, 5.
[35] 앞의 책, I, 12, 1.

성상 파괴보다 더 부정적이었다. 아우구스티누스의 주장에 따라 칼뱅은 이미지를 묘사하는 것을 몹 쓰고 몹쓸 짓으로 간주하고, 이미지는 완벽하게 파괴해야 할 것이라는 생각을 했다.[36] 반면에 루터는 1524-25년 사이에는 종교예술을 예배와 전례적인 부분에 연결시키진 않았지만 칼슈타트의 과격한 성상 파괴에 성상이 사라질 것을 염려하고 성서의 내용을 비유하여 그리는 종교미술의 유용성과 그 교육적 가치를 인정하였다.[37] 1529년 비텐베르크에서 발행한 그의 『개인기도서(Personal Prayer Book)』 서문에 그림을 삽입하였으며 교리문답집, 성서주석, 설교집, 찬송가 등에 목판화나 삽화를 넣어 꾸미고 이해를 도왔다. '나 이외에 다른 신을 섬기지 말라' 는 십계명에 관해서는 우상 숭배를 목적으로 제작된 예술품이 아니라면 허용해야 한다고 주장했다.[38] 루터는 하나님을 중심에 둔 예배라면 음악은 물론, 시각 이미지들은 일상 예배에 유용한 것으로 여기고, 우상 숭배란 누구든지 교회에 이미지들을 봉헌하고 이 행위를 하나님께 예

---

[36] 플라톤은 현 실태는 이데아 세계의 그림자이며 이미지는 현 실태의 모방으로서 이미지는 결국 이데아 세계의 그림자의 그림자로 보았다. "즉 예술적 표상은 죽음과 같아서 그 대상은 생기를 잃고 굳어버리게 되는데 이것은 살인에 대한 오랜 금기와 연관되어 있는 것으로 보는 설도 있다." 벵자맹 주아노(Benjamin Joinau), 신혜연 옮김, 『얼굴, 감출 수 없는 내면의 지도』(파주: 21세기북스, 2011), 170. 그러나 아리스토텔레스는 지금 눈에 보이는 것이 착시일지라도 그것은 현 실태라고 했다. 플라톤의 사상은 아우구스티누스로, 그리고 칼뱅으로 이어진다. David J. C. Cooper, "The Theology of Image in Eastern Orthodoxy and John Calvin", *Scottish Journal of Theology* Vol. 35. No. 3 (Edinburgh: Scottish Academic Press, 1982), 232.

[37] Hans Beltin, *Bild und Kult, Eine Geschichte des Bildes vor dem Zeitalter der Kunst* (Muenchen: Verlag C. H. Beck, 1993), 608.

[38] *Luther's Works* (St. Louis, 1955), 316.

배하고 선행을 한 것이라고 상상하는 것이라고 했다.[39] 그는 그리스 도인이라면 형상의 유무에 관계없이 정신적으로 자유로운 '선택의 자유'를 강조했다.

4. 그 밖의 종교개혁가들

동방의 성화상 논쟁 역사에 대한 지식이 있던 불링거(Heinrich Bullinger, 1504-75)는 루터의 이미지에 대한 관용적인 태도를 공격 하기 위해 비잔틴의 이미지 옹호자들을 반박하는 논쟁의 기본적인 내용을 담은 "우상, 혹은 그리스도와 성인들의 이미지"라는 간단하 고 명료한 글을 쓰기도 했다.[40]

그 밖에 기독교적 인문주의자로 독일의 로이힐린(Johannes Reuchlin, 1455-1522)과 성서를 프랑스어로 최초 완역한 프랑스의 종 교개혁가 르페브르 데타플(Lefèvre d' Etaples, 1450-1573) 등이 있는 데 특히 르페브르는 유물 숭배, 성지 순례, 성인 숭배를 배격하지는 않았지만 성직자들이 이런 행위에 마법적 힘을 부여하면서 형식적 인 경건성을 조장하는 것을 배격하고 후에 성상 파괴에 동조했다.[41]

---

[39] D. Martin Luthers Werke, *Kritische Gesamtausgabe* (Weimar, 1833ff., "Weimar Ausgabe"); Carl C. Christen, 위의 책, 47에서 재인용.

[40] Jaroslav Pelikan, *The Christian Tradition: A History of the Development of Doctrine Vol. 4: Reformation of Church and Dogma (1300-1700)* (Chicago: The University of Chicago Press, 1984), 216-17; 박상봉, "요한 칼빈과 하인리히 불링거 의 성만찬 일치", 『한국교회사학회지』 27집 (2010. 11), 155-97을 참고할 것.

츠빙글리(Huldrych Zwingli, 1484-1531)는 성서만이 신앙의 기반이 될 수 있다고 주장하면서, 이미지에 관해서는 칼뱅보다 더 과격한 입장을 취했다. 성상 숭배 금지는 물론 그 당시 유행하던 성상을 앞세운 순행도 불허했으며 교회 음악도 교회 안에서 축출해야 한다고까지 주장했다.[42]

칼슈타트가 비텐베르크에서 루터의 개혁운동에 반대하는 개혁운동을 일으켰듯이, 취리히에서는 츠빙글리의 미진한 개혁운동에 대해 불만을 품은 시민들의 성상 파괴로 인해 발생하게 된 1523년 10월의 두 번째 취리히 논쟁에서 그레벨(Conard Grebel)과 만츠(Felix Manz)가 성상과 미사를 폐지할 것을 요구하자 츠빙글리는 성상들의 제거는 정상적인 방법을 통하여 정부에 의해 이루어져야 한다고 주장하였다.[43] 결국 이들은 개혁 노선을 달리했는데 이들이 재세례파들(Anabaptists)이다.

스트라스부르에서 마틴 부처(Martin Bucer, 1491-1551)의 이미지에 대한 태도는 츠빙글리의 노선과 유사했다. 제단에 키튼을 설치하고 성 주간에는 성상에 장식하지 않았으며 슬퍼하는 마리아상과 같은 숭배 대상의 성상을 치웠다.[44] 종교개혁 시기에 교회 안에 비치된

---

[41] Charles N. Nauert, Jr., *Humanism and the Culture of Renaissance Europe*, 312-14.

[42] 미사, 오르간 음악, 성가, 제대, 축제 행렬, 성유물, 견진성사, 병자성사의 폐기와 성찬례는 일 년에 네 주일로 제한: Hans Kung, *Das Christentum: Wesen und Geschichte*, 이종한 옮김, 『그리스도교: 본질과 역사』(왜관: 분도출판사, 2002), 704.

[43] Karl Heussi, *Kompendium der Kirchengeschichte*, 손규태 옮김, 『칼 호이시의 세계교회사』(서울: 한국신학연구소, 2004), 437.

제단화와 성상이 수난을 겪게 되자 미술가들은 점차 교회 미술에서 세속을 주제로 하는 작품으로 전향하기 시작했다.[45]

V. 맺는 말: 이미지의 힘

종교권력자들은 대체로 성상 숭배를 배격해왔다. 구원은 교회 제도와 그 조직을 통해서만 받을 수 있었다. 또 신을 체험하는 다양한 것들 중에서 기본이 되는 신의 초월성과 영성 체험은 개인 집에 사사롭게 비치한 성상을 통해서도 경험될 수 있다는 가능성조차 용인하려고 하지 않았다. 종교개혁으로 산만해진 교회의 정비와 교권의 강화를 위해서는 서방 가톨릭교회(동방교회)의 산물인 이미지와 성인 숭배로 인해 분산된 신앙심을 프로테스탄트 교회 제도 안으로 규합해야만 했다.

이미지에 관한 신학은 8세기 수차례의 성화상 논쟁을 통해 개략적인 정립이 형성되었고 종교개혁가들, 특히 칼뱅은 그 논쟁 사상을 인지하고 있었으며 이러한 과거 동방교회의 축적된 지식을 활용했다.[46] 종교개혁가들이 주장하는 이미지에 관한 신학은 동방교회의

---

[44] John Dillenberger, *A Theology of Artistic Sensibility: The Visual Art and the Church* (London: SCM Press Ltd, 1987), 69.

[45] 종교개혁을 축으로 전과 후에 활동했던 대표적인 작가가 바로 뒤러다.

[46] Alain Besançon, Jane Marie Todd(trans.), *The Forbidden Image: Intellectual History of Iconoclasm* (Chicago: The University of Chicago Press, 2000), 187.

이론을 넘어서 새로운 신학적 이론이 부가되었다고 보기는 어렵다. 면죄부 판매와 미신 같은 칠성사와 성상 및 성인 숭배로 타락한 로마 가톨릭교회에 대응할 강력한 신학적 주장으로서 '오직 성서, 오직 믿음'이라는 슬로건 아래 누가 더 이미지에 관해 과격한 실천적 행동을 하는가에 따라 개혁 노선을 달리했다고 볼 수 있다. 개혁에 대한 열망은 교권에 대한 욕망으로 연결된 경우도 있었다. 루터의 농민전쟁에 대한 대응이 그러했고 칼뱅의 제네바에서의 신정정치가 그러했다.

초월성은 동방교회와 가톨릭교회의 전례처럼 성상이라는 다양한 물질에 가둘 수 있는 것이 아니라 오직 삼위일체와 성서, 일정한 성사에만 임재해야 했고 그것을 관리 · 감독하는 힘이 교권이었으며 종교개혁가들은 각자가 그 중심에 있고자 하였다. 예술은 자연스럽게 배척되기 시작했으며 개혁가들 중에서 가장 우선했던 루터만이 예술을 소극적으로 수용하는 것을 막지 않았다. 이러한 태도에 불만을 품은 다른 급진적인 개혁가들은 더 강한 성상 파괴를 주장했으며 칼슈타트, 칼뱅, 츠빙글리는 각자의 노선을 구축해갔다. 이 당시 성상 파괴주의자들의 주요 공격 대상은 교회의 제단화였는데,[47] 이후 예술은 교회 안에서 더 이상 장식으로도 존재할 수 없게 되었고 교회 안에서의 모든 시각 이미지들은 미신이며 신성모독으로 간주되

---

[47] Anthony Julius, *Idolatry, Iconoclasm and Jewish Art*, 박진아 옮김, 『미술과 우상: 우상숭배, 우상파괴, 유태인 미술』(서울: 조형교육, 2003), 45.

기에 이르렀다. 종교개혁가들의 예술관은 이들이 예술에 대한 특별한 철학이나 심미안을 거론하기도 전에 로마 가톨릭교회에 대한 대응으로 우상 숭배라는 것에 초점이 고정되어 있었다고 할 수 있다. 그리고 성상 파괴주의자들은 과격할수록 가톨릭교회에 더 분명하며 강하게 대응하는 행위로 인식했고 이로 인해 종교개혁을 굳건히 할 수 있다고 믿었다. 동시에 성상 파괴의 정도에 따라 개혁가들은 조금씩 노선을 달리하면서 동시에 자신들의 교권을 구축하려고 했다고 할 수 있다. 루터를 제외한 다른 급진적인 종교개혁가들이 예술에 대한 심미안이 전무했다고 단정할 수는 없다. 위에서 밝힌 것처럼 로마 가톨릭교회가 예술을 남용한 것에 대한 반작용으로 더 급진적인 개혁가들은 시각 이미지 자체가 위험에 빠질 수 있다는 걸 우려하여 이 자체를 혐오하기까지 했다. 따라서 종교개혁가들이 승리한 지역의 교회에서는 중세와 같은 종교화를 요구하지 않았으며, 화가들은 생계를 위해 다른 주제의 그림을 그려야만 했다.[48]

오늘날의 국내 개신교회는 소수교단이지만 교회 안에 십자가를 비치하는 것조차 거부하거나 음악이 없는 교단도 있으나 대다수의 개신교회는 이미지에 대한 종교개혁가들의 사상과 신념을 변형하여 수용하고 있음을 볼 수 있다. 장로교라고 할지라도 이 점만은 칼뱅보다는 루터의 예술에 대한 이해를 적용하고 있다고 할 수 있다. 헌금 봉투와 설교대 앞에 성서에 있는 내용의 밀알 혹은 포도덩굴과

---

[48] H.W. & D. J. Janson, 유홍준 옮김, 『회화의 역사』(서울: 열화당, 1990), 134.

같은 그림을 넣고 기도실이나 교회 회랑, 친교실 및 식당에 겟세마네 동산에서 기도하는 예수의 이미지, 교회 출입 정문 위에 양떼와 함께하시는 선한 목자 예수 이미지로 장식하는 경우가 그 예다. 현대 한국 개신교회는 성상(이미지) 및 성인 숭배는 거부하지만 종교개혁 당시 파괴되고 사라져가던 시각 이미지를 되살려냈다. 큰 신학적 갈등 없이 언제부터 누구의 영향과 시작으로, 그리고 어떤 목적으로 교회 안에 이미지를 비치하는 것이 정착되었는지는 여기에서 논하지 않지만, 특히 예수 그리스도의 이미지와 익명의 기도하는 이미지는 교회 곳곳에서 발견할 수 있다. 테크놀로지의 영향으로 이미지가 범람하는 현대 사회에서 교회는 아이러니하게도 그 기술을 적극 수용하고 있다.

점차 예수 그리스도 이미지와 성화가 교회 벽에서 사라지고 그 자리를 당회장의 설교 동영상 CCTV가 메우고 있다. 이미지의 힘[49]에 대한 대표적인 사례로서 원수 이미지를 활용한 사회주의 혹은 군사독재국가의 체제 프로파간다와 중앙 집권을 꾀하는 이미지의 힘, 가톨릭교회의 성모 마리아 이미지가 교인들에게 미치는 우상의 힘을 상상할 수 있다. 개교회 안에서 폐쇄회로를 통해 주기적으로 방영되는 당회장의 이미지의 영향은 그 교회의 프로파간다와 교인들의 목회자에 대한 우상적인 힘과 무관하다고 할 수 없다. 이미지는 그 자

---

[49] 이미지의 힘에 관해서는 David Freedberg, *The Power of Images: Studies the History and Theory of Response* (Chicago: The University of Chicago Press, 1991) 14장 (Idolatry and Iconoclasm)을 참고할 것.

체로서 숭배 받을 채비를 갖추고 있기 때문에 교회 안의 이미지는 파괴해야 할 물질이라며 '오직 말씀'을 주장하던 대다수 종교개혁가들의 주장을 환기해볼 필요가 있다. 비잔틴에서는 성상 파괴 운동 이후 일반인의 초상은 금지시켰기 때문에 이콘 미술 양식은 종교적 작품에 한정되었던 것도 상기해볼 필요가 있다.[50]

대중매체 시대에 개신교회는 종교개혁가들이 성성 파괴를 주장할 수밖에 없었던 로마 가톨릭교회에 대한 시대적 상황을 고려해야 한다. 루터는 자신의 초상화를 이용하여 종교개혁을 전개해갔지만 그 밖의 종교개혁가들은 그조차 거부했다. 이미지에 대한 루터의 견해와 그리고 이에 불만을 갖고 더 과격한 성상 파괴를 했던 그 밖의 종교개혁가들의 주장을 조심스럽게 조화시킬 수 있는 신학적 변명이 필요하다. 교회는 이미지의 힘을 오용하거나 남용하는 것을 유념하면서 적절히 선교에 활용하는 다양한 방안을 마련해야 한다. 특히 폐쇄회로로 목회자의 이미지만을 강하게 드러내기보다는[51] 종교예술을 통해 신앙심을 고양하는 심미적 교육에 관심을 기울여야 한다.

---

[50] 벵자맹 주아노(Benjamin Joinau), 신혜연 옮김, 『얼굴, 감출 수 없는 내면의 지도』, 191.
[51] 교회 안에서 설교와 예배를 방영하는 과정 중에, 특히 설교 시간에 수반되는 특정 인물을 부각시키고 있는 렌즈의 초점을 교회 내외부의 다양한 대상들과 이미지들을 투사해 보임으로써 그 위험을 피할 수 있을 것이다. 다양한 인물들과 사물들이 함께 있는 큰 공간 안에서 내 의지에 따라 혹은 무의식중에 다양한 대상들을 둘러보면서 동시에 설교하는 특정한 대상을 바라보게 되는 것과, 좁은 공간에서 모니터를 통해 내 의지와 관계 없이 특정 인물만을 볼 수밖에 없는 것에는 큰 차이가 있기 때문이다.

제 3 부
....

이미지의 세속화

세속 권력의 신성화: 이미지의 조작과 남용

라벤나의 성 비탈레 성당 유스티니아누스 황제 모자이크를 중심으로

Ⅰ. 머리말

이 글은 이탈리아의 베네치아에서 남쪽으로 가까이 있는 라벤나(Ravenna)의 산 비탈레(Chiesa di San Vitale, 547 헌당) 성당 내부 제단 벽에 설치된 유스티니아누스(Justinianus 483-565, 통치 527-565) 황제와 그 수행원들이 새겨진 모자이크 한 점을 통해 당시 동로마 제국 최고 권력자를 시각적으로 신성화(神聖化)시킨 것에 관한 연구이다.[1] 이 모자이크는 8세기 성화상 논쟁 당시에도 파괴되지 않은 몇 점 안 되는 작품 중의 하나이기도 하다. 유스티니아누스 황제 부

---

[1] 이 장의 도판은 2011년 10월 25일 산 비탈레 성당을 방문하여 탐방할 때 실사한 것이다.

부가 교회 안에 출입한 것은 콘스탄티노플(이스탄불)에 성 소피아 사원을 건축하여 봉헌할 때 콘스탄티노플 총대주교와 함께 성당 안으로 순행한 기록 외에는 이 모자이크에 관한 역사적인 기록은 거의 없는 것으로 전해진다(Lowden, 1997: 134). 중앙에 유스티니아누스가 성찬 예식에서 사용할 빵을 들고 서 있고 그의 왼편엔 라벤나의 막시미아누스(Maximianus, 499-556) 주교가 제의를 입고 십자가를 들고 서 있으며 황제 좌우에 신하들이 병렬해 있는 모습을 담고 있다. 이 소재를 택한 이유는 황제 초상을 예수 그리스도 도상과 유사하게 모자이크로 제작하여 성당 제단 위에 장치함으로써 황제를 숭배하게 한 대표적인 시각 이미지라는 점 때문이다. 세속적 권력의 황제 인물이 신성한 숭배의 대상으로 현현할 수 있었던 당시 비잔틴 제국의 정치적 배경보다는 이 모자이크를 통해 '정치-도상학적' 의미를 살펴보는 데 이 연구의 목적이 있다. 이 주제로 발표된 국내외 연구 논문은 없으며 이 글에서 참고한 서적들이 이와 관련된 대표적인 문헌들인데 대체로 미술사가들이 비잔틴 미술양식의 특징을 밝히는 예로 이 모자이크의 양식과 그 형태를 예시하고 있음을 볼 수 있다.

이 연구에서는 유대교 및 초기 기독교 시대부터 우상 숭배 금지에 관해 율법으로 전승되고 있는 시각 이미지에 관한 신학적 담론은 다루지 않는다.[2] 교회 안에 설치할 수 있는 이미지는 예수 그리스도와

---

[2] 기독교는 구약의 하느님을 이미지로 표현하는 것을 금하고 있지만 동방정교회와 로마

성모 마리아를 비롯한 순교한 성인에 국한되었으며 생존해 있는 인물의 이미지 설치는 허용하지 않았다. 이 글은 신(神)도 성인도 아닌 현존하는 황제의 신체 전신 이미지를 교회 벽도 아닌 지성소 안에 장치함으로써 황제를 대중들의 숭배의 대상으로서 신성화한 것에 대한 비판이며, 필자는 이것을 '세속 권력의 신성화' 라고 표현한다. 이것은 신학과 미술사학(도상학)의 간학문적 연구로서, 이를 통해 교회와 국가와의 관계도 살펴볼 수 있게 되는 것이다. 당시 기독교가 국교의 성격을 지닌 시대였다고 할지라도 세속적 권력이 종교를 이용하여 최고 권력자를 숭배하게 하면서 권력을 극대화한 것에 대한 연구이다.

초기 기독교는 300여 년의 긴 박해 시대를 거쳐 콘스탄티누스 1세 (Constantinus, 272-337, 재위 306-37) 황제의 절대적 지지에 의해 313년 밀라노(Milano)에서 황제가 기독교 신앙의 자유를 발표한 이후 불가불 국교의 정체성을 갖고 선교의 자유를 얻게 되었다. 당시 황제의 입장을 적극 반영하여 삼위일체 교리를 정리한 니케아-콘스탄티노플신조(Nicaea-Constantinople Creed, 325-381)를 포함한 중요한 기독교 교리는 오늘날까지 모든 교회가 정통교리로 고백하고 있

가톨릭교회, 성공회는 그리스도(예수)와 그 밖의 성인들을 이미지로 제작하여 예배 공간에 설치함으로써 신앙심을 고양하고 있으나 종교개혁 이후 개신교단은 교회 안에서 이미지 사용을 엄격히 금하고 있다. 비잔틴 교회는 726년 레오 3세 때부터 825년 사이에 성화상 파괴 논쟁(iconoclastic controversy)이 다섯 차례 있었으나 결국 이미지 숭배를 허용하는 것으로 결론을 지었다. 종교개혁 때 그들의 '말씀 중심' 구호 아래 교회 안에서 이미지는 다시 파괴되었다.

으며, 서양 문화는 이러한 기독교를 근간으로 하여 발전해왔다. 서양의 중세사는 황제에게 빚을 진 기독교가 선교의 목적을 위해 황제와 결탁하고, 황제는 자신의 권력을 극대화하고 신성화하기 위해 기독교를 이용하면서 이 둘 사이에 발생하게 된 갈등의 역사라고도 할 수 있다.

한국은 1970년대 이후부터 급격히 기독교 신자와 교회 수가 급증했지만 기독교가 국교인 나라도 아니며 기독교 문화가 보편적 문화인 나라도 아니다. 그러나 오늘 한국의 정치인들은 소정의 정치적 목적 달성을 위해 자신이 속한 특정 종교나 그 구성원들을 활용하고 있으며, 소속된 구성원들도 불투명하고 불명확한 추상적인 욕망 성취를 위해 자신과 동일한 종교에 속했거나 정치인이 되길 욕망하는 특정인을 지지하는 양상을 보이고 있다. 그러나 현대 민주주의 국가는 정교분리의 원칙에 의해 종교 건물 안에 국기는 설치하여도 최고 권력자의 이미지를 종교 건물과 예배 공간 안에서 가장 중요한 부분인 지성소 위에 설치하지는 않는다. 그러나 최고 권력자가 속한 특정 종교가 국교와 버금가는 힘을 남용할 수 있는 여지는 있다. 이러한 현상은 국가 최고 권력자가 속해 있는 특정 종교가 타 종교를 탄압하거나 비하하는 것조차 방임되는 것으로 나타날 수 있으며, 최고 권력자가 속한 종교의 기관과 단체는 사회에서 종교 권력 집단으로 나타날 가능성도 있다.

현재 국내 최고 권력자가 속한 종교 안에서의 진보와 보수의 상호 반목이 사회와 종교 문화에 미치는 정서적인 영향은 오늘날 이슬람과 기독교가 상호 반목하는 그 이상이라고 할 수 있다. 이 연구에서 필자는 천오백여 년 전의 비잔틴 로마 제국에서 있었던 한 점의 모자이크 연구를 통해 국가, 기업, 종교, 개인에 이르기까지 그들이 필요에 따라 이미지를 조작하고 남용하는 것에 대한 감시를 포함하여 민주시민사회에서 지양하고 지향해야 할 지표를 암시하려고 한다.

II. 유스티니아누스의 시대와 미술

콘스탄티누스 1세 황제가 330년 그리스의 식민 도시였던 비잔티움으로 수도를 천도한 후 비잔틴이란 이름이 명명되고, 동로마 제국의 분열부터 비잔틴 제국의 시대가 열리게 된다. 비잔티움으로 천도한 이유는 라인 강과 다뉴브 강을 이용하여 북방 침입을 막고 한편으로는 로마의 기존 귀족 권력을 분산시키고 그곳에 군사적 요충지를 확보하기 위함이었다. 397년 테오도시우스 황제가 사망한 이후 제국이 양분되자 교회도 동과 서로 분리된다. 404년 호노리우스 황제는 서로마 제국의 수도를 콘스탄티노플에서 라벤나로 천도하였는데, 476년 서로마 제국이 멸망하자 로마 제국을 통일하려던 동로마 제국의 유스티니아누스 황제는 베사리우스(Vesalius) 장군을 앞세워 539년에 서로마 제국 영역에 있던 라벤나를 점령하였다. 이 당시 황제의 궁전은 살아 움직이는 비잔틴의 중심이기도 했으며 황제의 권력은 법률적 권위뿐만 아니라 종교적 권위에서 더 강하게 작용하였다(Ennen, 1997: 31). 콘스탄티노플은 1453년 오스만 투르크족에게 함락당할 때까지 비잔티움 제국의 수도였다.

1. 유스티니아누스와 교회

3세기는 기독교에서 사도교부들과 변증가들의 논쟁 시대를 지나 본격적인 신학학파들이 형성되기 시작한 시대다. 초기 비잔틴 동방 신학은 예수의 신성(神性)을 강조한 알렉산드리아 학파(Alexandria school)와 예수의 인성(人性)을 강조한 시리아의 안디옥 학파(Antiochean)가 있었으며, 알렉산드리아와 안디옥 이 두 지역에도 훌륭한 미술품들이 많이 제작되었으나 유스티니아누스의 강력한 예술 후원을 받은 콘스탄티노플이 중심적인 예술품 산지였다 (Rice, 1989: 74). 특히 성화상에는 '글자를 모르는 민중들의 그림성경책'이라는 별칭이 붙었고 또 만지거나 친구(親口)를 함으로써 치유의 기적이 일어난다는 성화상들은 당시 민중들의 기복적인 욕망을 자극하여 신앙의 구심 역할을 한 적이 있었다. 이것이 기독교에서 사용한 최초의 교육용 시각매체라고 할 수 있다(Janson, 1966: 157).[3]

비잔틴 교회는 많은 교리 논쟁을 거치면서 니케아 공의회(325), 제1차 콘스탄티노플 공의회(381), 에베소 공의회(432), 칼케톤 공의

---

[3] 서기 200년 전의 기독교 미술작품은 거의 발견되지 않고 있다. 이것은 시각 이미지들이 우상 숭배가 될 수 있다는 십계명에 따라 금지된 탓도 있다. 박해 시대를 지나 313년 콘스탄티누스의 밀란 칙령 이후 교회 안에 시각 이미지가 수용되기 시작했다.

회(451), 제2차 콘스탄티노플 공의회(553), 제3차 콘스탄티노플 공의회(680), 제2차 니케아 공의회(787) 등 일곱 개의 공의회에서 결정된 사항들을 교회 전승으로 받아들였다. 이 공의회에서 결정된 중요한 신학 주제들은 삼위일체론과 기독론에 관한 것이었는데 이것은 다양한 학파와 학자들의 상이한 주장들을 합의하기 위해 모두 로마 제국 시대에 황제가 소집한 공의회에서 결정된 것들이므로, 이 시기에 결정된 교리적 합의는 라틴 서방교회도 참여하여 교회 일치를 이룬 결과물이었다.

유스티니아누스는 비잔틴 제국의 기독교 황제로서 그에게 로마 제국의 개념은 기독교 세계를 의미하는 것이었으며 기독교의 승리는 곧 로마 제국의 재건을 의미했다. 그는 기독교화를 위해 이교도를 근절하고자 했고 고대 종교까지 말살하고 교황과 주교(bishop)를 자신의 신하로 여겼으며, 교회 제도뿐만 아니라 교회 전례(liturgy)까지 간섭하였다. 이 시기는 교회에 대한 황제의 권력이 전 유럽사를 통해 가장 막강했던 시기라고 할 수 있다. 유스티니아누스는 교회의 보호자이면서 동시에 교회의 지배자이기도 했다(Ostrogorsky, 1999: 57-59). 그는 '로마법 대전(530년 경)' 연구를 통해 황제 절대주의를 재천명하였으며 그의 '대전'은 전 유럽의 법 발전에 지대한 영향을 미쳤는데(이덕형, 2006: 104), 비잔틴 제국의 정치적 특성은 한마디로 '황제-교황주의'(Caesaropapism)였다고 할 수 있다.

2. 이미지와 사상

　기독교에서 이미지 담론의 근본적인 출발은 구약성서에 기록된 십계명의 우상 숭배 금지 계명을 그 근간으로 삼고 있다. 십계명이 나타날 당시 유대인들의 신앙은 유일신 신앙이 아니었지만 야훼 신앙 이외의 타 종교에 대하여는 배타적이었으며 후에 이것은 더 강하고 단독집권적인 유일신 신앙(제2이사야 시대)으로 변화되었다. 예수 이후 기독교는 구약의 유일신 신앙을 더욱 발전시켜왔으며 특히 이미지에 관한 이해도 우상 숭배라는 십계명의 율법 안에서 문자적인 해석 그 이상을 극복하지 못하고 있다.

　서양에서의 기독교 성화상을 중심으로 한 시각적 이미지에 대한 대표적인 논쟁은 726년부터 825년 사이에 적어도 다섯 번 이상 있었던 '성화상 숭배 논쟁'이다. 이 담론은 종교개혁 때 '성서와 믿음으로'라는 슬로건 아래 급진적인 개혁가들에 의해 교회에서의 시각 이미지들은 다시 수난을 겪었으며, 그 이후로 프로테스탄트 교회들은 이미지 대신에 '이미지를 거부하는 신학과 교리'를 주장한다.

　사회학자 질베르 뒤랑(Gilbert Durand, 1996), 미술사학자 허버트 리드(Herbert Read, 1955), 도상학자 에르윈 파노프스키(Erwin Panofsky, 1963)는 이미지와 사상의 관계성에 대해 연구한 사람들이다. 예를 들어 기독교에서의 이미지와 신학과의 관계를 말하려면 예수의 시각적인 도상 변천과 신학에서의 기독론(Christology)의 변천 과정[4]을 동시에 살펴보면 이 둘의 관계를 가늠할 수 있는 것이다. 이것은 한 시대에 이미지가 사상에 선행했는지 혹은 이 둘이 공조하여 시대정신을 창출하고 있는지에 관한 연구이기도 하다.

종교에서 인체(몸)는 경배의 대상이 되기 쉽다. 희랍의 경우 신의 모습을 표현할 때 특별한 상징물로 신을 대체하지 않는 한 초상이 주로 사용되었는데, 신의 신성한 아름다움을 나타내기 위해 신체적 조건을 가장 이상적으로 표현하고자 했고 이상적인 영웅의 몸은 오디세이나 일리아드에서도 볼 수 있듯이 높은 물질적 존재성을 부여받기도 했으며(Brooks, 2000: 26), 신성한 자의 육체적 현존은 보이지 않는 자의 임재를 의미하기도 했다(Brown, 1981: 88). 기독교 세계는 성인들이 임재한다는 믿음으로 성인들의 진품 유골 파편들과 유골과 관련이 있는 물건들로 채웠다(Brown, 1981: 88). 유스티니아누스 황제는 극장에서 연극배우들이 수도사나 수녀 복식으로 분장하는 것조차 금지시켰는데[5](Brown, 1988: 429) 이는 기독교를 함부

---

[4] 그리스도의 모습은 시대와 문화에 적응되어 변천해왔다. 특히 종교적 관념이나 교리, 교파에 따라 다양한 형태의 그리스도 이미지를 표현하고 있기 때문에 다양한 그리스도 모습에서 동일성을 찾기란 쉽지 않은 것이다. 오늘날까지 보존되고 있는 그리스도 이미지를 구분한다면 대체로 십자가에 못 박힌 그리스도, 부활하신 그리스도, 보좌에 앉은 그리스도, 우주의 심판자, 통치자 그리스도의 모습 등이다. 십자가에 못 박힌 그리스도 이외의 다른 이미지들은 성서적이라고 하기보다는 오히려 교회의 교리 신앙을 사람들에게 이해시키기 위한 도구로 제작되었기 때문이라고 할 수 있다. 특히 그리스도의 신성과 인성에 대한 조화로운 표현에 앞서 무엇보다도 '성육신의 신비'를 시각적으로 표현하는 데 특히 어려움이 따를 수밖에 없는 것은 성육신의 신비가 신이 스스로를 인간의 몸에 감춤으로써 더 이상 사람들에게 신으로 인식되지 못하도록 하기 때문이다.

[5] 유스티니아누스 황제는 콘스탄티노플에서 성 베드로의 유골 한 조각을 요구하는 편지를 써 보냈다가 거절당하고 대신에 그와 관련된 천 조각을 받았던 것으로 전해진다(Brown, 1988: 429).

로 욕되게 하지 않게 하기 위함이었다. 성인 유골을 성스럽게 다루며 수도자들의 복식이 세속적으로 사용되는 못 하게 했던 것이 초기 기독교의 세계였다. 일찍부터 기독교도는 물상(시각 이미지)들의 실질적 존재에 그들의 건강과 평안과 영혼의 불멸을 위탁해왔던 점(Debray, 1994: 159)을 유념할 필요가 있다. 특히 종교에서의 시각 이미지는 그 자체로서 미신으로 전락할 위험을 안고 있는 것이다.

3. 초기 비잔틴 미술

비잔틴 미술은 동방교회의 신학과 그 맥을 같이하는데, 8세기 레오 3세 시기에 시작된 성화상 논쟁을 중심으로 그 이전을 초기로 그 이후를 후기로 구분할 수 있다. 그 당시 제작된 성화상 외에도 건축물로서는 유스티니아누스 황제 재위 기간에 비잔티움(콘스탄티노플, 이스탄불)에 건축된 하기아 소피아(Hagia Sophia, 532-37) 성당이다. 성화상 파괴 논쟁이 있기 전까지의 초기 비잔틴 미술은 성당 제단 동쪽 반구형 앱스에 그리스도와 성모 마리아 이미지를 모자이크나 프레스코로 장식했다. 이 당시의 양식은 동방의 사실주의를 바탕으로 헬레니즘적인 양식이 가미된 것이 특징이다. 초상의 윤곽은 대체로 거칠고 아이콘 같은 둥근 눈, 딱딱하며 부자연스러운 구성과 배치, 상징 등이 양식의 특징이며, 몸은 길게 묘사(deformation)하여 무게감이 없이 공중에 부유하는 초월적인 느낌을 준다. 비잔틴 예술은 8세기 성화상 파괴 논쟁 때 대부분 파괴되었으며 그나마 남아 있는 모자이크들은 대부분 라벤나에 있는 것들이다. 라벤나는 초기 기독교 미술의 중심지로 현재까지 모자이크가 보존되어 있는 도시다. 황실의 권위와 위엄을 드러내기 위한 장식품들과 기독교 전례용품을 포함한 비잔틴 미술은 황제와 국가권력을 시각적으로 표현하기 위해 초인간적이며 초월적인 신비로운 모습으로 표현하고 있다(이덕형, 2006: 203). 라벤나 미술(Art of Ravenna)로 유명한 건축물로서는 라벤나의 성 아폴리나레 누오보(S. Apollinare Nuovo, 500-26) 성당과 성 비탈레 성당(547), 아리안 세례당(Arian Baptistry), 서로마 황제 호노리우스(Honorius, 384-423)의 자매가 묻혀 있는 갈라 플라시디아(Galla Placidia) 영묘, 테오도릭 영묘(Theodoric), 그리고 클라세의 성 아폴리날레(S. Apollinare in Classe, 549) 성당을 들 수가 있다.

III. 유스티니아누스 황제 초상 모자이크

1. 모자이크 배경

라벤나에 있는 비탈레 성당은 오스트로고트(Ostrogoths)의 왕 테오도릭(Theodoric)이 개인 영묘로 세우려 했던 것인데, 벨리사리우스(Belisarius) 장군이 라벤나를 정복한 후 유스티니아누스 황제 치하 때 완성된 교회 건축물이다(Short, 1955: 78). 546년 막시미아누스

성 비탈레 성당 외부

유스티니아누스 황제와 막시미아누스 주교

예수와 천사, 에클레시우스 주교

주교가 라벤나에 온 그 이듬해 547년 성당의 지성소(sanctuary) 부분은 밀라노의 순교자 성 비탈리스(St. Vitalis)에 봉헌되었다. 황제 부부 모자이크도 이즈음 설치했을 것으로 추정하고 있다(Lowden, 1997: 134). 단테가 '색채의 교향악'이라고 찬사했던 이 성당은 어느 부유한 은행가가 금 2만 6천 조각을 봉헌하여 건축한 것으로 전해진다. 그러나 황제는 한 번도 라벤나를 방문한 적이 없었다고 한다(Wilkins and Schultz, 1990: 158).

황제 이미지는 이 성당 앱스(apse)의 중앙 유리창의 왼쪽 벽면, 즉 사제석 위 벽(presbytery wall)에 예수 그리스도와 그의 사도들처럼 자신을 모자이크의 중앙에 위치하고, 좌측에는 이 성당이 완성될 당시 라벤나의 주교였던 막시미아누스를 그의 왼편에 세우고 그 밖에 성직자, 조신, 군인들과 함께 서 있는 정면 전신 초상으로 장식했다. 의도한 대상과 상당히 근사하게 묘사된 닮음에 대한 위험은 표상의 대상과 표상된 것을 혼동하게 할 뿐만 아니라 신의 창조행위와 동격으로 간주되는 데 있다(Joly, 2004: 107). 이 모자이크는 콘스탄티노플에서 온 수공예 작가에 의해 제작된 것이다. 이 작품은 그 당시 서방의 미술과 그 표현양식이 다른데 라벤나는 이탈리아에서 동방 미술이 수입되는 전초지였다(Francesco, 1972: 66).

성 비탈레 성당의 유스티니아누스와 그 수행원들 전신 정면 모자이크는 유스티니아누스가 황제로 재임하던 시기에 제작 설치된 것이다. 성당 내부 공간에서 가장 성스러운 제대가 안치된 앱스에 자신의 초상을 안치한 것을 묵인한 것 자체로 당시 황제와 기독교와의 긴밀한 관계성을 추측할 수 있다. 이 모자이크에 관한 기록이 전무한 상황에서 추정할 수 있는 것은 과거 소피아 대성당에 콘스탄티노플의 총대주교(patriarch)가 황제와 함께 순행했던 것에 대해 라벤나의 막시미아누스 주교는 황제와의 긴밀한 관계성을 과시하며, 동시에 황제 초상에 자신을 총대주교와 대등한 위치로 황제 옆에 나란히 병렬했던 것으로 보인다(Lowden, 1997: 134). 비탈레 성당은 라벤나 지역의 주교가 있는 대성당이 아닌 지역교회였음에도 불구하고 막시미아누스 주교가 비탈레 성당에서 자신이 황제와 함께하는 또 하나의 성 소피아 성당처럼 구상했다면 이 두 교회의 관계, 즉 소피아 성당과 비탈레 성당은 다소 긴장관계였을 것으로 추정된다.

2. 막시미아누스 주교의 의도

제대 중앙 위의 예수 그리스도는 공같이 둥근 푸른색 우주를 옥좌로 삼아 황제 의복을 입고 앉아 왼손에는 요한계시록 5장 1절[6]에 따라 두루마리를 잡고 있다. 그리스도 양 옆에 두 천사가 있으며 천사는 천국(paradise)에서 그리스도 오른쪽 끝에 서 있는 이 교회의 수호성인인 순교자 성 비탈리스와, 왼쪽 끝에 비탈레 교회 건물을 받쳐 들고 서 있는 이 교회를 처음 건립했던 에클레시우스(Ecclesius)

---

[6] "나는 또 옥좌에 앉으신 그분이 오른손에 두루마리 하나를 들고 계신 것을 보았습니다. 안팎에 글이 기록돼 있는 그 두루마리는 일곱인을 찍어 봉하여 놓은 것이었습니다"(공동번역성서). 모자이크에는 왼손에 두루마리를 잡고 있다.

주교를 그리스도에게로 인도하고 있다. 그리스도는 그의 왕관으로 이 두 사람을 성화시키고 있다.[7] 사제석 위 왼쪽 북(北)벽(presbytery wall) 모자이크는 묘사된 인물 모두가 정면을 주시하고 있는데, 유스티니아누스가 오른손으로 미사(mass)에 사용할 빵이 담긴 큰 황금색 성반을 들어 왼편을 향해 받쳐 들고 있는 전신 모자이크이다. 오른쪽 남(南)벽에는 유스티니아누스 황제 모자이크와 같은 배열로 황제의 부인 테오도라가 수행원들과 중앙에 서서 두 손으로 큰 포도주 잔을 들어 오른편을 향해 받쳐 들고 있는 정면 전신의 모자이크이다.

묘사된 인물들이 서 있는 위치와 복식과 신발에서 그 중요도와 권력의 서열을 가늠할 수 있다. 빵은 황제가, 포도주는 황후가 각각 봉헌할 채비를 하고 있다. 빵과 포도주는 그리스도의 몸과 피의 상징이다. 교회의 전례 전통에서 가장 중요한 감사성찬례(성찬예식)를 위한 떡과 포도주를 황제 부부가 담당하고 있다는 건 황제가 교회 기능의 가장 깊고 원초적인 것에 관여하고 있다는 의미다. 그러나 정작 당시 로마와 비잔틴 교회 전례(liturgy)에서는 이 모자이크와 같은 장면으로 봉헌예식을 하는 경우는 없었을 뿐더러, 또 황후를 포함한 여자가 봉헌할 포도주를 들고 교회 안에 입당하는 걸 허용하지 않았다는 것이다(Mathews, 1999: 171). 또 모자이크를 보면 그리스

---

[7] 그리스도가 비탈리스에게 순교자의 상징인 면류관을 주는 것으로 해석하는 경우도 있는데(남성현, 2011: 308) 보석이 박힌 형태를 보아 왕관에 가깝다.

도 곁에 성직자(비탈리스와 에클레시우스 주교)는 있지만 황제는 그 아래 모자이크에 위치해 있으며, 교회에서는 항상 주교가 황제에 앞서듯이 막시미아누스 주교도 황제 앞에 서 있는 장면이다. 황제의 얼굴은 그리스도의 얼굴과 유사하며, 성인을 묘사하는 비잔틴 전통 도상기법에 따라 눈을 크게 묘사했으며 그 표정은 엄숙하고 권위에 차 있다. 배경은 신성을 상징하는 금색으로 칠해져 있으며 황제의 머리에는 성인들에게만 그려지는 원형의 후광[8]이 드리워져 있는데, 등장인물들을 살아 있는 초인적 존재를 표현하기에 적절한 길고 뻣뻣한 옷과 무표정한 이미지로 묘사하고 있다(Menen, 2004: 54-55).

그리스도 이미지를 황제에로 투영하고 있는 것은 교회의 수장이 곧 황제임을 선포하는 것인데, 황제는 제국의 황제를 넘어 이미 우주의 황제다. 그리스도는 우주를 다스리며 황제에게 제국을 다스릴 권한을 주신 분이라는 '왕권신수설'은 로마의 이데올로기이기도 했다. 황제는 그리스도의 모사이며 하느님 왕국이 곧 이 지상의 세계인 것이다(Elsner, 1995: 180). 즉, 황제도 그리스도처럼 백성들에게 은혜를 내리며 훌륭한 막시미아누스 주교를 라벤나에 보낸 분임을 암시하고 있는 셈이다(Menen, 2004: 55). 전례를 집전할 때 입는 대례복을 착용하고 십자가를 들고 서 있는 막시미아누스 주교 옆에는 유향을 든 부제(副祭)와 호화롭게 장식된 복음서를 든 부제가 서 있다. '그리스도와 천사, 성 비탈레와 에클레시우스 주교' 모자이크

---

[8] 예수 그리스도의 후광에만 원형 안에 십자가가 그려진다.

아래에 있는 '황제와 막시미아누스 주교와 성직자들'의 모자이크 위치는 막시미아누스 주교가 유스티니아누스 황제(황제 부부)를 전례(liturgy)로 인도하고 그리고 상부에 있는 천국의 그리스도께로 인도할 것이라는 암시를 하고 있다. 이 모자이크를 제대 쪽에 설치함으로써 모든 교인들이 자연스럽게 황제와 황후를 숭배하거나 경배할 수 있도록 의도한 것이며 동시에 주교의 정치적 권위까지 과시하게 한 것이다. 이것은 황제권과 교회권이 합일되었음을 의미하면서 동시에 황제 숭배까지 이끌어낸 것이다.

황제의 뒤편에는 세 명의 조신이 도열해 있고 오른편에는 콘스탄티누스 황제가 그랬듯이 황제의 힘을 과시하듯 커다란 키로(chi-rho) 십자가 방패를 들고 있는 군인들이 따르고 있다(Lowden, 1997: 79-81). 이 모자이크의 구성은 정면의 중앙 황제에게 시선을 집중시키며, 모습이 모두 유사한 등장인물들의 신체는 길고(deformation 기법) 평면적이다. 이 모자이크는 성과 속에 속한 인물을 구분하고 있으며 그 배열을 균형 있게 배치하고 있다. 이 화풍은 로마 밀기에 인물들을 획일적으로 묘사하고 황제와 그 가족만 크게 묘사했던 그림 양식과 유사하다. 황제 그림의 맞은편에 있는 '황후 일행들의 모자이크'에는 황후가 지닌 왕관과 보석, 그리고 머리의 후광이 성인들과 같은 모습으로 묘사되어 있다. 서커스 단원 출신의 테오도라는 532년의 폭동 때 황제가 도망하려 하자 그를 붙잡고 맞서게 하였다는 전설이 있는데, 황후가 황제와 같은 위치에서 성당 안에 모자이크로 설치된 것도 그녀의 이러한 정치적 위치 때문일 것으로 추정된다.

결국 이 모자이크는 라벤나의 주교 막시미아누스가 자신의 종교 정치적 의도에 따라 제작한 것으로 추정할 수 있다. 당시 황제권과 교회권의 일치라는 틈새에서 막시미아누스 주교는 자신의 개인적인 종교권력의 욕망과 정치적 욕망을 모자이크를 통해 투사한 것이다. 더 흥미로운 것은 모자이크 등장인물들 중에서 유독 주교만이 자신을 광고하듯이 그 초상 위에 'MAXIMIANUS' 라는 자신의 이름을 적어 넣었다는 점이다. 이 모자이크를 제단에 설치함으로써 단순히 교회 공간을 장식하는 그림으로서만이 아니라 숭배를 받아야 하는 아이콘이 된 것이다. 막시미아누스 주교는 이 모자이크를 통해 자신의 종교 정치적 위상을 높이고 동시에 황제에게 충성하며 신자들에게 숭배를 받는 일석 삼조의 의도를 드러낸 것이라고 할 수 있다.

3. 교회와 이미지

현대 교회는 고전적인 교회의 이미지 권력인 성모 마리아상이나 피에타(pieta), 고상(苦像)의 예수 이미지의 자리에 종교 지도자들의 이미지와 개 교회 목회자들의 실시간 동영상, 그리고 정치 권력자와 손잡은 목회자 사진이 그 자리를 대신하고 있다. 이것은 사회주의, 군사독재 국가의 곳곳에 서 있는 우상의 동상처럼 현존하는 목회자를 우상화할 수 있는 위험을 안고 있다. 정교일치의 유럽 중세 시대에 성직자들이 정치적 친밀감을 과시하기 위해 가상의 스토리를 모자이크로 제작했던 것에 비해, 정교분리 시대에 있는 현대 교회는 정교의 유착 관계를 실사(實寫)하여 보다 더 생동감 있는 구체적인 사실을 전시하며 목회자의 개인적인 정치적 힘을 과시하고 있다. 이를 지속 관람하는 사람들은 무의식중에 그 이미지의 힘에 예속되는 위험이 있다. 특정 공간(예배 공간)에서 지속·정기적으로 특정인을 관람해야만 하는 회중석에 있는 사람들은 무의식중에 그 특정인을 투사하는 이미지의 힘에 예속되게 된다.[9] 정치인, 종교인을 막론하고 이러한 신체 초상 이미지는 하나의 권력적인 영역을 구축하고 보이지 않는 힘의 폭력을 행사하며, 이 폭력은 우상에 대한 무의식의 신성한 복종으로까지 우회된다. 현대 교회는 고전적인 교회의 이미지 권력인 성모 마리아상이나 피에타(pieta), 고상(苦像)의 예수 이미지의 자리에 종교 지도자들의 이미지와 그들의 실시간 설교 동영상, 그리고 정치 권력자들과 손잡고 있는 종교 지도자 사진이 그 자리를 대신하고 있다.[10] 특히 '말씀 중심'이라는 슬로건 아래 성화상을 파괴하고 시각 이미지에 관해 부정적인 교리를 지키고 있는 개신교회가 최첨단 테크놀로지를 활용하여 시각 이미지를 남용하고 있는 것은 더욱 아니러니하다.

---

[9] "도청 청사에 걸린 공화국 대통령의 틀에 끼워진 사진은 에드푸신전의 열주 속의 둥근 돋을새김의 역할과 유사한 역할을 해낸다. 인상 기록이나 장식적인 것보다 한결 더 큰 역할 말이다"(Debray, 1994: 258).

[10] 선거철만 되면 정치인들은 종교계를 방문하여 지지를 호소하고 종교인들은 이를 배척하지 않고 훗날 세속 권력의 지원을 담보로 상생한다.

IV. 맺는 말

역사적으로 유럽에서의 이미지 파괴는 정치적 혹은 신학적 이유에서 발생했는데 이는 이미지의 속성 자체가 상징적이며 이데올로기적이기 때문이라고 할 수 있다(Freedberg, 1991: 10-11). 성화상 이미지들과 동상을 포함한 중요한 종교예술품들은 8-9세기 비잔틴 교회의 수차례에 걸친 성화상 논쟁 시기와 그리고 칼뱅과 칼슈타트가 주도했던 종교개혁 시기, 프랑스 혁명과 러시아 혁명기에 다수가 파괴되었다.

플로티누스는 이미지가 세계 정신을 단편적으로 보여준다는 것을 시인하면서 동시에 이미지의 물질적인 면의 악마성을 주장했다(Debray, 1994: 141). 이미지는 강한 경제적인 매체로서 파급되는 효과의 힘이 있는 만큼 위험성을 내포하고 있다. 이미지 복제를 통해 자기증식을 해가는 시각 산업화의 뒤에는 복잡한 양상의 다양한 이미지 권력이 있다. 공공기관과 기업, 그리고 종교기관(교회)이 도처에서 관리하고 있는 폐쇄회로, 카메라 폰, 디지털 카메라 등에 의해 개인의 정보는 물론 개인의 사생활은 통제받거나 침해당하고 있다. 또 권력은 이미지를 이용하여 그 권력을 극대화하기도 한다. 테크놀로지의 권력과 시각의 권력에 의해 21세기의 개인은 모두 감시의 대상이 된다.

기독교는 초기 시대부터 수많은 상징과 의미를 부여한 십자가와 성화상을 제작 배포함으로써 그러한 이미지들이 신앙의 구심점이 되도록 유도하였다. 여러 성인들의 이미지는 성인과 관련된 기적사화들이 부가되어 당시 민중들에게 만병통치약과 같은 마력의 힘이 있었다. 성 비탈레 성당의 유스티니아누스와 막시미아누스 주교의 모자이크는 종교권력을 집중화시키기 위해 생존하고 있는 인물을 신성화한 비잔틴 시대의 종교와 정치의 긴밀한 관계를 묘사한 대표적인 작품이라고 할 수 있다. 한 공간에 황제와 주교를 예수와 천사, 성인들의 반열에 함께 그려 위치시킴으로써 성과 속의 권력자의 힘을 과시하였던 것이 비잔틴을 포함한 중세 기독교의 세계였다. 특히 현대 교회는 좋은 이미지와 나쁜 이미지를 자체 선별하지만 그 교리적 검열 기준은 여전히 모호하다.[11] 국가, 기업, 종교, 개인에 이르기까지 그들이 필요에 따라 이미지를 조작하고 남용하는 것을 분별하는 감시기구가 필요한 것이다.

---

[11] 어느 대형 교회 목회자는 사무실 벽에 고위 정치 지도자와 함께 찍은 목회자의 사진과 정부 기관으로부터 받은 다수의 임명장과 위촉장을 걸어놓고 테이블 위에는 다양한 감사패들을 전시하기도 한다.

6

영성 개발을 위한
종교적 시각 이미지

I. 머리말

인간은 어느 대상을 인식하고 믿고자 할 때는 도마처럼 직접 보고 느끼고 체험하고자 하는 욕망이 있다. 또 이렇게 체득한 것을 이미지(image)로 각인시키고 이를 다시 시각적으로 표현하고자 하는 본능이 있다. 그러나 성서는 이러한 인간의 속성에 쐐기를 박는다. 모세를 통해 당신 앞에 다른 신을 두는 것을 허용하지 않음은 물론 우상을 제작하여 섬기지 못하도록 명하고 있으며, 예수는 의심 많은 도마를 통해 보지 않고 믿는 신앙의 본질을 지시해주고 있다. 하나님은 비가시적인 분이기 때문에 사람이 초상을 그리거나 상을 제작해서 그분이라고 이름 붙이는 순간 그 상(像)은 곧바로 우상이 되며,

이것에 경배하는 행위는 우상 숭배일 뿐만 아니라 그분의 이름까지 망령되게 하는 신성모독이라는 죄목에 해당한다. 이슬람에서는 구약의 이러한 유대교적 전통을 더욱 강하게 교조화(教條化)하여 그 어느 형상도 그리거나 제작하지 못하도록 하고 있다. 대부분의 개신교회를 제외한 정교회, 가톨릭교회, 성공회, 루터교회는 개연성 있게 그 율법을 지켜오고 있다. 삼위일체 하나님과 성모 마리아를 위시한 성인들에 대한 이미지 제작과 이미지 경배에 관해서는 동방교회가 서방교회보다는 더 너그럽게 수용하고 있으며, 서방교회 중에서 로마 가톨릭은 개혁교회보다 유연성 있게 수용하고 있다.[1] 그러나 서방교회 계통의 교회, 특히 개혁교회에서의 성화상에 관한 문제는 오늘까지 해결되지 못하고 있다.

현대 개신교회는 신자의 가정집과 교회의 기도실, 혹은 회랑에 장식용 정도의 선에서 예수 그리스도의 이미지를 비치하는 걸 묵인하고 있는 것에 비해 폐쇄회로를 통해 설교자 혹은 당회장의 설교하는 동영상을 교회 곳곳에서 방영하는 것에 대해서는 적극적인 양상을 보이고 있다. 다른 이미지는 허용하지 않으면서 특별한 인물의 이미지의 투영을 적극 수용하는 것에는 예배 공간의 협소함으로 인해 예배당에 출입할 수 없는 사람들과 유아방, 혹은 예배 시간에 교회 안에서 봉사를 하고 있는 신자들에게 설교자의 동영상 방청을 통한 예

---

[1] 이정구, "8세기 성화상(聖畵像) 논쟁의 시대적 요인", 「한국교회사학회지」 27 (2010), 67-91.

배 참여라는 명분을 갖고 있다. 그러나 이것은 결과적으로 자칫 사회주의 국가 혹은 독재국가에서 국가 원수 이미지를 방영함으로써 체제의 프로파간다와 원수 우상화를 꾀하는 정치적 기술과도 유사한 부정적이며 위험한 측면이 있다. 또 교회의 이러한 현상에 대한 세간의 비난도 크다.

이런 위험을 피할 방법이 없는 건 아니다. 교회 안에서 설교와 예배를 방영하는 과정 중에, 특히 설교 시간에 수반되는 특정 인물을 부각시키고 있는 렌즈의 초점을 교회 내외부의 다양한 대상들과 이미지들을 투사해 보임으로써 그 위험을 피할 수 있을 것이다. 다양한 인물들과 사물들이 함께 있는 큰 공간 안에서 내 의지에 따라 혹은 무의식중에 다양한 대상들을 둘러보면서, 동시에 설교하는 특정한 대상을 바라보게 되는 것과, 좁은 공간에서 모니터를 통해 내 의지와 관계없이 특정 인물만 볼 수밖에 없는 것에는 큰 차이가 있기 때문이다.

이 글에서는 성화상을 중심으로 한 시각 이미지의 협의의 신학적 담론에 대해 간단히 거론한다. 위에서 밝혔듯이 개신교회가 개혁신학 전통에 따라 시각 이미지를 교회 안으로 수용하는 것에는 소극적이면서도 아이러니하게 특별한 신학적 변명이 없이 특정 목적을 위해 CCTV, PPT와 같은 현대 테크놀로지를 적극 활용하는 것에 대한 비판도 있다. 현대 교회는 목회와 선교의 사명을 효율적으로 수행하기 위해 현대의 테크놀로지를 수용할 수밖에 없는 시대적 상황에 놓여 있다. 이 글은 기독교인의 영성과 상상력을 고양하기 위한 적절한 매체로서 종교적 이미지를 알맞게 활용할 수 있는 교회의 실천 프로그램을 몇 가지 제안하려는 것이다.

II. 상징과 상상력

융(Carl Gustav Jung, 1875-1961)의 사상을 잇고 있는 프랑스 사회학자 질베르 뒤랑(Gilbert Durand, 1921-)은 상징과 이미지와 상상력과의 상호 관계성에서 이미지가 모두 상징이 아님을 밝히고 있다.[2] 두터운 의미 층을 지니고 있는 성상(icon)은 상징적 의미가 있으나 단순한 이미지는 쉽고 빠르게 우상이나 물신으로 타락해버린다는 것이다. 여기에서 상징이란 제의적이고 신화적이며 도상적인 반복에 의해 구현되는 기호를 말한다.

원시시대부터 종교적 상징물로서 최초로 나타나고 있는 것은 돌이다. 다듬지 않은 자연석(거석)에 대한 외경심으로 인해 돌은 영성의 표현으로 자주 사용되고는 했다.[3] 야곱의 돌베개(창세기 28:10-19)는 하나님과 야곱을 이어주는 징검다리이며 우주의 축이라는 상

---

[2] 질베르 뒤랑/윤평근 옮김, 『신화비평과 신화분석』(서울: 살림, 1998), 참고.
[3] 일본의 경우 선종에서는 사원 경내 모래밭에 다듬지 않은 자연석을 설치하는 경우가 많다. 영국의 스톤헨지와 같은 종교적인 거석은 세계 도처에 많다. 독일의 조각가 막스 에른스트(Max Ernst)는 자연석의 형태를 다듬지 않고 표면에 음각을 한 신비감 있는 작품을 제작했다. 여기에서 신비감이란 자연의 풍상으로 변형된 퇴석에서 드러나는 느낌과 같은 것이다.

징성이 있다. 융은 돌 외에도 원주민과 토템 동식물 사이의 종교적 관계를 지적하는데, 알타미라 동굴 벽화와 네 복음기자를 동물로 표현[4]한 것이 그러하다. 이러한 상징은 아직도 그 본래의 신성한 힘이나 마력을 지니고 있어서 어떤 사람에게는 큰 정서적 반응을 불러일으키기도 한다.[5] 그 밖에 원(圓)은 생명의 원동력이며 궁극적인 완전성의 상징으로서 성인의 후광을 비롯하여 만다라, 도시 계획, 우주 개념 등을 표상한다.[6] 기독교 예술의 중심 상징은 그리스도가 수난을 받는 고상(苦像)으로 시대가 지남에 따라 정방형의 십자가는 장방형의 라틴형 십자가로 변형되었다.

이렇게 기독교의 대표적 상징은 원시종교와 같이 최초에 돌, 동식물, 원으로 시작하여 십자가로 표현되어왔는데 이 상징들은 다의적이며 자연적 본능의 영적 의미로 해석할 수 있는 것이다. 이러한 다의적 상징체계 안에는 모호한 심층구조가 자리하고 있는데 그 구조가 바로 융이 주장하는 원형(archetype)이다.[7] 이러한 원형은 예술 속에 나타나는데, 예술에서 나타나는 상징들은 성스러움, 죄, 재생, 사랑, 폭력 등을 함축한다.[8] 우리가 보는 것은 우리 자신의 경험에

---

[4] 도상에서 누가는 황소, 마가는 사자, 요한은 독수리, 마태는 사람이나 천사로 상징된다. 그리스도는 어린 양, 물고기, 십자가에 달린 뱀, 사자, 일각수(一角獸)로 표현되기도 한다.

[5] 칼 G. 융, "무의식에의 접근", 칼 G. 융 외/이윤기 옮김, 『인간과 상징』(서울: 열린책들, 2004), 93.

[6] A. 야페/이희숙 옮김, 『미술과 상징』(서울: 열화당, 1979), 35.

[7] 질베르 뒤랑/진형준 옮김, 『상징적 상상력』(서울: 문학과지성사, 1983), 75.

[8] Susanne K. Langer, *Problems of Art* (New York: Charles Scribner's, 1957), 136.

의해 해석된 그림이며 아는 만큼 보는 것이다.[9] 따라서 상징은 역사 속에서 인간의 경험이 축적되어 해석된 언어라고 할 수 있다.

　예를 들어 교회의 제대(altar)를 최후의 만찬인 동시에 예수가 십자가에 매달린 골고다를 나타낸다고 하자. 이러한 의미에 무지한 사람이 제대를 바라보면 그것은 단순히 테이블(table)에 불과할 것이다. 또 교회 제단에 놓여 있다는 이유 하나만으로 제대를 성스럽게 여긴다면 그것은 자칫 물신이 되고 만다. 제대를 바라보면서 그 의미를 적절하게 인식하고 골고다의 고난에 대한 성서적 상상력을 바탕으로 명상하며 자신의 영성을 개발할 수 있어야 한다. 감상하고 있는 성화상에 대한 성서적 내용을 알지 못하면 그것은 장식적인 그림일 뿐이며, 성화상이라는 이유로 조건 없이 경배한다면 그것은 우상 숭배가 될 수도 있다. 같은 상징물일지라도 그것을 바라보는 사람에 따라 우상이 될 수도 있으며 상징이 될 수도 있는 것이다.[10]

　성화상을 성스러운 상징으로 인식하기 위해서는 그것에 관한 일정한 성서적 지식과 함께 상상력이 요구된다.[11] 이것은 교육과 훈련에 의해 가능해지는데, 영성 훈련을 할 때 성서교육과 함께 공부한 내용에 자신의 상상력을 더한 명상 훈련을 하는 것이다. 음악도 이

---

[9] 알베르토 망구엘/강미경 옮김, 『나의 그림일기』(서울: 세종서적, 2004), 23.
[10] 칼뱅과 칼슈타트, 츠빙글리와 같은 종교개혁가들은 당시 로마 가톨릭교회의 성인과 성화상 숭배가 지나치게 미신(우상) 숭배로 타락한 것에 대한 대응으로 성화상 파괴를 하였다. 종교개혁가들이 예술과 우상을 구분하지 못해서 했던 행위가 아니라 교회의 타락을 막기 위한 실천적 행동이었다고 할 수 있다.
[11] 이것을 도상학, 도상해석학이라고 한다.

와 같은데 이에 대한 일정한 소양이 결여되어 있다면 좋은 음악도 소음으로 들릴 수 있으며 오히려 상상력과 명상을 방해할 수 있다. 개신교회는 교리적인 문제로 인하여 정교회나 가톨릭교회에 비하여 시각적 상징에 대한 교육과 상상력 훈련이 부족하다. 주로 청각적인 소리(설교와 찬송가)와 외침(통성기도)을 통해 은혜를 받기 때문에 관상하거나 침묵을 통해 얻는 고요한 영성 훈련을 할 기회가 상대적으로 적다. 소리를 통한 상상력과 보는 것을 통한 상상력은 상호 비교할 수 없는 다른 장르이지만 상호 보완한다면 온전한 영성 훈련이 될 수 있다. 그리고 영성 개발을 위한 교육과 훈련은 사람의 종교적 감성과 신앙의 차이에 따라 시행하는 것이 바람직하다. 현대의 인터넷은 가히 지식과 소통의 확장이라고 할 수 있다. 인간의 영성도 시대에 따라 변화해가는 성화상과 음악과 같은 매체를 통하여 확장해 왔다고 할 수 있다. 그러나 이러한 매체들이 영성의 확장을 돕기보다는 오히려 그 매체에 종속되어 우상이 된 경우도 있듯이, 우상 파괴 교리 자체가 우상 숭배로 흐르는 것을 유념해야 한다.

엘렌스(Ellens)는 영성을 "내적 생명의 힘이 영혼을 통해 초월적 실재를 향해 뻗어나가는 것"으로 정의한다.[12] 여기에서 '뻗어나가는' 폭의 힘과 깊이 그리고 크기는 개인의 상상력과 관련이 있다. 수도자들에게 영성 훈련의 초보 단계로 명상을 돕기 위해 적절한 대상

---

[12] J. Harold Ellens, *Sex in the Bible: A New Consideration* (CY: Praeger, 2006), 6; 김승호, 『목회 윤리』(대구: 하명출판, 2011), 119.

을 바라보는 관상(觀想)과 관조(觀照)를 하는 훈련이 있는데, 이 경우에는 대체로 명상자의 상상력이 관조 대상의 형태와 성질의 범주를 넘어서지 못한다. 더 깊이 명상하기 위해서는 물질적인 대상이 오히려 장애가 되기 때문에 선종에서는 불상을 파기하기도 했다. 그러나 어느 단계까지는 성화상과 같은 시각적인 대상물이 영성 훈련에 일정한 도움이 되기도 한다. 그러나 무엇으로도 사람의 상상력을 통제할 수 없기 때문에 무한한 확장의 위험성도 있다. 남성이 아름다운 마리아상을 보고 음험한 상상을 한다면 그것을 통제할 수 있는 장치는 없다. 미켈란젤로의 바티칸 시스티나 천장화의 알몸 등장인물들에게 덧칠한 앞가림 옷은 그 당시 그리스도교의 성에 대한 규범에 따라 교황의 명에 의해 된 것이다. 1545년-1563년에 있었던 트리엔트 공의회에서는 종교적인 주제를 지닌 회화에서 세속적인 요인을 통합시키는 것을 금지했는데 이것은 바로크 미술 직전의 16세기 중반까지 이어져 종교적 주제와 세속적 주제가 분리되는 회화의 장르가 나타나기 시작했다.[13] 최근 청소년을 보호하기 위한 성인 영화와 노래 가사에 대한 등급 판정 시비가 있는 것도 같은 맥락의 일이다.

교회는 중세적인 교리적 상상력[14]을 극복하고 디지털 사이버 시대

---

[13] 마르틴 졸리/이선형 옮김, 『이미지와 기호』(서울: 동문선, 2004), 86-87.
[14] 중세 로마네스크와 고딕 성당의 팀판(tympan)에 부조된 작품들을 살펴보면 그 주제들은 몇 가지로 분류할 수 있는데 대체로 영광의 옥좌에 앉은 예수 그리스도(영광의 예수), 축복하는 예수, 최후의 심판, 예수의 승천, 마리아의 대관 등이며 그 안에 조각된 것은 그리스도를 중심으로 천사, 구약의 선지자들, 12사도, 성인, 동물, 악마, 마리아 등이다. 중세 가톨릭교회는 성서 내용과, 7성사를 포함한 교회의 교리를 주제로 삼아 표현한 다양한 이미지들을 매체로 하여 그 당시 문맹이 다수인 신자들에게 주입적인 상

의 정신을 이끌고 생활할 수 있는 성숙한 신앙인이 될 수 있도록 돕기 위한 '영성 교육'의 장을 마련하고 있다. 교회는 현대인에게 교리적으로 포장된 유럽 중세 전통의 도상만을 제시할 수는 없다. 이미 15세기에 도나텔로(Donatello, 1386-1466)는 추한 형상을 한 성녀 '마리아 막달레나(1440)'를 나무로 조각했는데 이 작품은 그 당시 중세의 전통적인 성인도상(聖人圖像)을 따르지 않은 혁명적인 작품이었다고 할 수 있다. 이렇게 도나텔로는 화상을 우상으로 도상화하기를 거부했다. 일단 도상이 되면 그것을 관람하는 사람의 상상력이 그 형상에서 정지될 수 있기 때문이다. 시각적인 것만 위험한 건 아니다. '문자도상(文字圖像, Verbal Icon)'이나 구술도상도 우상 숭배적인 요소를 갖고 있다.[15] '하나님은 사랑이시다'라는 문장이 있다면 이것은 표현할 수 없이 무한한 하나님을 사랑이라는 문자 개념 안에 가두게 하는 것이다.[16] 이것은 사랑을 시각 이미지로 표현하는 대신 문자나 말로 표현했을 뿐이지만 부정적인 측면에서 문자가 주는 상상력은 시각적으로 제한된 상상력보다 그 범주가 넓고 깊기 때문에 그만큼 더 위험할 수도 있다.[17] 그러나 그 누구도 그림이든 문

상력을 통해 교육하였다.

[15] 언어적 이미지도 '이미지'로 부르는 것이 적당한가에 관한 문제와 또 상상의 관념은 어떤 인상으로부터 형성되는 것인지에 관한 것은 W. J. T. Mitchell, *Iconology: Image, Text, Ideology* (Chicago: The University of Chicago, 1986), 25-26을 볼 것.

[16] 하나님은 '나는 나다(I am who I am)'라는 말로 자신의 정체성을 드러낸다. 이것은 언어학과 기호학에서의 기표(signifie)와 기의(signifian)의 관계와 같다. 대상을 이름으로 규정하려 하지 않는 것을 도가에서는 도(道)를 도라고 부르는 순간 이미 도가 아니라고 말한다.

[17] 최근 유행하는 CCM 노랫말에 나타나는 단어들은 추상적이며 성서적으로 신학적으로

자든 이미 일상화된 이러한 아이콘에서 벗어나 생활할 수 없는 것이며 문자에서는 허용하되 시각적인 그림은 안 된다는 주장은 설득력이 없다.

목회자는 상황에 따라 이 둘의 평형을 유지하며 적절하게 활용해야 한다. 교회는 검열의 신학적 기준을 고착화할 수 있는 사항의 교조화 위험을 항상 유념해야 하며, 따라서 시대적 변화에 대응을 할 수 있는, 시각 이미지와 문자에 대한 전문위원회를 구성해야 한다.[18] 개신교가 두려워하는 시각 이미지 담론을 뒤로한 채 이미 국내에서는 올해로 9년째 기독교 영화제가 개최되고 있으며 이와 관련하여 임성빈(장신대)은 그가 발행인으로 있는 격월간지 「그리스도인의 문화나눔터 오늘」에서 "기독교적 가치를 담은 영화를 통해 신앙이 생활이 될 수 있음을 영상을 통해 도전받으려 한다"고 하며 "선교적 비전을 교회 안에서만이 아니라 경계를 넘어서는 시선을 추구하기 위함"이라고 말한다.[19] 한국의 개신교는 시대적 요구에 맞춰 시각 이미지에 대해 진취적인 수용을 하고 있는데 이것은 고무적인 일이다.

21세기의 인간은 일정 부분 가상 현실에서 살아가고 있다. 사이버 채플이 등장하는가 하면 '전파를 타고 임재하시는 성령'도 불사한다. 머지않은 미래에 기계와 인간이 합성된 사이보그 메시아를 신봉

검열을 해야 할 필요가 있다. 한번 주입된 단순한 노랫말의 내용이 기독교의 정체성으로 인식될 수 있기 때문이다.

[18] 교단마다 검열의 기준을 안내하고 방향을 제시해주는 정도에서 개연성 있게 규정할 수는 있으나 개 교회에 강제해서는 안 된다.

[19] 임성빈, "경계를 넘어서는 시선으로 초대", 「오늘」 9-10 (2011), 95.

하는 사이버 신흥종교가 출현할 가능성도 있다. 지금도 게임에 중독돼 있는 상당수의 청소년들은 원시인들이나 어린이들처럼 현실과 가상세계의 경계에서 살아가고 있다. 앞으로 인간의 영성은 이러한 시대 변화에 적응하고자 디지털 코드화될 것이며 테크놀로지와 더 교감할 수 있는 영성을 필요로 하게 될 수도 있다. 수년 전 일본 혼다 회사에서 인간처럼 걷는 컴퓨터를 개발하였는데 남은 과제는 인간과 로버트가 자유롭게 커뮤니케이션을 하는 것이라고 한다. 인간과 정서까지 교감할 수 있는 완벽한 인공지능 인간이 태어날 날도 멀지 않은 듯하다. 차세대의 기독교인들은 인공지능 인간과 더불어 살아가는 방법을 체득해야 할지도 모른다. 인간만의 순수한 영혼과 영성에 관한 담론은 고전이 될 수도 있다. 이미 일정 부분 우리의 관념과 영혼은 사이버화되어가고 있으며 이러한 시스템은 실생활 깊숙한 곳까지 침투해 있다.

Ⅲ. 시각매체

인간은 신앙인이 되면 대체로 '나는 어떤 종류의 사람인가, 앞으로 인생을 어떻게 살아가야 할까, 무엇이 내 삶에 의미와 보람을 줄까, 죽은 뒤에는 어찌되는 걸까' 등과 같은 자문(自問)을 갖게 된다. 교회는 인간의 삶 속에서 품게 되는 이러한 다양한 질문에 대한 최선의 답을 구하기 위하여 성서를 텍스트로 하여 예술을 활용해왔다.

사이보그 인간학에 대한 동양적인 기원으로 정재서는 중국의 신화집 『산해경(山海經)』을 거론한다. 4세기경 동진(東晉)의 곽박(郭璞, 276-324)은 '기굉국(奇肱國)'[20] 사람들은 기계장치를 만들어 온갖 짐승을 잡기도 하고 나는 수레들 만들 줄 알아 바람을 타고 멀리 다니기도 했다고 설명하고 있다.[21] 그러나 공자는 "처음 인형[22]을 만든 자는 아마 후손이 없을 것이다"[23]라고 하여 성화상 파괴주의자임을 드러냈다. 일찍이 중국에서도 사람처럼 만든 이미지의 위력에 대한 경고를 하고 있는 것에는 애미니즘적인 요소가 없지 않으나 인간의 파멸에 대한 경고일 수도 있다.

초기 기독교 박해 시대에는 지하 무덤에 모여 예배를 드렸다. 의도적으로 교회를 지하에 구축했던 것이 아니라 박해를 피하기 위해 불가피 마련한 예배 처소였다. 당시에는 기독교인들뿐만 아니라 국민 대다수가 문맹이었고 성경 필사본조차 없던 시기였기 때문에 모여서 소리를 낮추어 기도하고 말씀을 듣고 애찬을 하는 것이 공동체 생활이었다. 이들은 카타콤 벽과 지붕, 그리고 석관에 성경 내용의

---

[20] 기굉국 사람들은 팔 하나에 눈이 세 개인 형상으로 황금색 눈에 아름다운 무늬를 가진 길량이라는 말을 타고 다녔다. 팔이 하나밖에 없음에도 불구하고 도구를 잘 만들어 그것으로 온갖 짐승을 잡아먹었다. 그들은 비거(飛車)라는 마차를 만들어 바람을 이용해 멀리까지 날아다녔다. 에스겔이 목격한 '단쇠'와 유사한 모습이다.

[21] 정재서, 『정재서 교수의 이야기 동양신화: 동양의 마음과 상상력 읽기 중국편』(서울: 황금부엉이, 2004)을 볼 것.

[22] 중국의 인형 제작의 역사와 그 예술적 특징에 대해서는 曹者祉·孫秉根 主篇, 『中國古代俑』(上海: 上海文化出版社, 1998)을 참고할 것.

[23] 맹자는 사람의 형상을 본따 인형을 만들어 순장물(殉葬物)로 삼았기 때문에 후손이 없다고 해석했다.

중요한 장면을 상상하여 그려 넣었는데, 이 이미지들은 단순히 장식용이 아니라 일정한 목적을 위한 것이기도 했다. 성화상에는 글자를 모르는 민중들의 그림성경책이라는 별칭이 붙었고 또 만지거나 침구를 함으로써 치유 기적이 일어난다는 성화상들은 당시 민중들의 기복적인 욕망을 자극하여 신앙의 구심 역할을 하기도 했다. 이것이 기독교에서 사용한 최초의 교육용 시각매체라고 할 수 있다.[24]

기독교 미술은 사람들이 이를 통해 하나님과 조우하는 데도 그 존재 목적이 있었다. 동방교회의 시각적이며 예전(禮典) 중심적인 영성이 개혁교회의 음성적(音聲的)인 것보다 더 훌륭한 영성이라고 단정할 수는 없다. 이미지를 통한 상상력과 소리와 글자를 통한 인간의 상상력의 본질은 크게 다를 것이 없기 때문이다. 유럽의 중세기적 기독교 문화 틀에서 형성된 고딕 양식과 호화로운 주교(主敎)의 자와 복장, 유향, 촛대 이러한 모든 것들이 오늘날까지 가톨릭교회와 정교회 및 성공회 예전의 시각적인 이미지로 아직 남아 있다. 전례를 통한 이러한 시각 이미지들 외에도 성사(聖事)와 관련된 이미지들도 전승되고 있다. 그 대표적인 성사 중의 하나가 성만찬(聖餐式)이다. 최근에는 개신교회는 성찬식 횟수를 늘려나가고 있는 추세인데, 가톨릭교회의 화체(化體)설과 다른 신학, 그리스도를 기억하

---

[24] 서기 200년 전의 기독교 미술작품은 거의 발견되지 않고 있다. 이것은 시각 이미지들이 우상 숭배가 될 수 있다는 십계명에 따라 금지된 탓도 있다. 박해 시대를 지나 313년 콘스탄티누스의 밀란 칙령 이후 교회 안에 시각 이미지가 수용되기 시작했다. H.W. Janson, *A History of Art*, 9th ed. (New York: Harry N. Abrams, Inc. Publishers, 1966), 157.

고 기념하며 성령의 임재를 믿는 신학으로서 떡과 포도주에 대한 물신 숭배의 위험을 거부해오고 있다. 각 교파마다 성사에 관해 역사적으로 수많은 논쟁을 거쳐 형성된 독자적인 교리신학을 지켜오고 있다. 그러나 신자들은 떡과 포도주 혹은 포도 쥬스를 배찬 받아 그 축성된 물질의 맛과 색깔, 촉감을 느끼는 순간에 교회의 성사에 관한 전통적인 고백적 교리만을 재확인시켜주는 것이 아니다. 오히려 신자들은 믿음과 종교적 체험을 바탕으로 한 상상력의 차이에 따라 성사를 무의미하게 느끼거나 혹은 미신으로 전락시키거나, 반대로 자신의 영성을 더 고양하며 새로운 영성을 창출하게 되는 것이다.

19세기 초엽 영국의 윌리암 모리스(William Morris, 1834-1896)는 기계문명에 의해 다량 복제 생산되는 상품에는 미적 가치가 없다고 하여 중세기 공방 시스템의 수공예운동을 벌인 적이 있다.[25] 기계화는 예술의 신비를 일소시킬 위협이 되기 때문에 기계화, 산업화 시대에 얼어붙어가는 인간의 영성을 되찾고자 했던 운동이었다.[26] 발터 벤야민(W. Benjamin, 1892-1940)은 그의 저서 『기술적 복제시대의 예술작품』에서 기계적 복제의 도래는 예술작품을 의식에의 종속과 전통의 지배로부터 끌어내어 작품에서 아우라(Aura)를 제거할 기세이며 사진술의 발명이 예술의 본질에 변화를 일으켰다고 주장했다.[27]

---

[25] Jeong-ku Lee, *Architectural Theology in Korea* (Seoul: Dongyun, 2011), 211-12.
[26] 존 A. 워커/정진국 옮김, 『대중매체시대의 예술』(서울: 열화당, 1987), 80.

앞으로 교회는 대중매체 시대, 디지털 테크놀로지 시대에서 전통적인 가톨릭 수도원이나 개신교 기도원식의 영성을 포기하고 새로운 특질의 영성을 욕망할지 모른다. 그러나 영성은 예술품처럼 복제되는 것은 아니나 복제된 시각 이미지와 소통하는 영성은 그 복제된 이미지(상징)에서 원 작품의 아우라를 찾으려는 영성을 발현시키게 되는 것이다. 대다수 현대인들의 풍부한 과학적 지식과 더불어, 더욱 복잡해지는 난해한 신학과 그리고 신에 대한 본질적인 회의로 인해 현대 교회가 과거 유럽의 중세와 같은 교회 중심의 사회를 다시 구축할 수 있다는 것은 불가해졌다. 현대인들은 종교적 지식이나 도덕, 내세에 관계된 것 이전에 살아가는 동안의 감정과 정서의 평정, 즉 영성(靈性)에 더 관심을 갖는 추세다. 목회는 점차 교인들의 영성 개발과 인생 및 종교 상담 중심으로 행해지게 될 것이다.

IV. 목회에서 이미지 활용

이미지의 힘과 그 영향이 얼마나 큰지를 체험하고 있기 때문에 인간은 언제 어디서나 이미지의 유혹에 빠지지 않도록 권유받으며 그 홍수 속에서 살아가고 있다. 학교, 기업, 교회에서도 PPT 및 동영상

---

27 W. Benjamin, *Illuminations* (London: Fontana/Collins, 1973), 219-253; 존 A. 워커, 『대중매체시대의 예술』, 80-81에서 재인용.

을 활용하는 발표, 교육, 회의, 광고는 이미 일상이 되었다. 교회는
나름대로 좋은 이미지와 나쁜 이미지를 선별하지만 그 교리적 검열
기준은 모호하다. 우상 숭배와 신성모독이 될 수 있는 이미지와, 즉
물적으로 드러내 보이는 유혹의 이미지가 눈에 보이지 않는 하나님
에 대한 상상에 선행하거나 정서적으로 해를 줄 수 있는 것은 나쁜
이미지에 속한다.

"위대한 이미지들은 그리스도 사역의 사건들, 죽음과 부활을 해석하
고, 그 해석들은 이미지들을 해석한다. 양자 간의 상호작용이 계시이다.
물론 이미지 없는 사건들은 전혀 계시가 아닐 것이며, 사건들이 없는 이
미지는 구름에 가려진 그림자로 남을 것이다."[28]

영국의 신학자 오스틴 파러(Austin Farrer, 1904-68)는 교회에서의
시각 이미지 활용은 그리스도의 죽음과 부활의 사건과 관련된 사건
의 이미지일 때 그 가치가 있다고 주장한다. 실제로 서양 중세 종교
화의 주제는 그리스도의 죽음과 부활이 주종을 이루고 있다. 그 밖
에 최후의 심판, 예수의 기적사화에 관한 그림이 많이 나타나는데
이 역시 그리스도의 죽음과 부활사건과 무관하지 않은 계시이다. 이
작품들은 대부분 제단화로서 교회가 화가에게 주문한 작품이었는

---

[28] Austin Marsden Farrer, *The Glass of Vision: The Bampton Lectures 1948*
(Westminster: Dacre Press, 1948), 43-44: 리차드 해리스/김혜련 옮김, 『현대인을
위한 신학적 미학』(서울: 살림, 2003), 149에서 재인용.

데, 종교개혁 당시 칼슈타트(Andreas Bodenstien von Carlstadt, 1480-1541)와 칼뱅(John Calvin, 1509-1564)은 가톨릭교회의 미신으로 전락한 성화상 숭배를 우상 숭배로 단정하고 교회 안의 성화상을 파괴하였다. 이들에게 성상은 복제된 이미지로서 그리스도와 성인 그 자체가 아닌 아우라가 없는 그리스도와 성인을 복제한 우상일 뿐이다. 그리스도를 만날 수 있는 길은 오직 문자로 된 성서밖에 없다고 믿은 것이다. 가톨릭교회를 포함한 각 교단과 교파는 저마다의 신학적 전통과 영성신학이 있다.[29] 개신교는 예배 공간과 시각 이미지와 관련한 영성신학과 교육, 훈련이 부재한 것을 볼 수 있다. 위에서 밝힌 것처럼 문맹자가 많고 과학적 지식이 엷었던 중세 말, 칼뱅을 중심으로 한 종교개혁가들이 시각 이미지에 관한 신학적 담론에 무지해서 예술과 우상을 구분하지 못하고 성화상을 파괴했던 것이 아니라 당시 가톨릭교회의 성화상에 대한 미신 숭배를 근절하기 위한 신앙의 행위로 보아야 옳다.[30] 이러한 시대 상황에서 가톨릭교회와의 결별을 위해 출현하게 된 이미지 파괴를 현대 개신교회가 종교개혁가들의 상황적 신학을 큰 반성 없이 전통으로 답습하고 있는 것에 관해 신학적 반성을 할 필요가 있다. 한국의 개신교회는 말씀 중심과 우상에 대한 교리교육이 극대화되어 교회와 신자 가정집에 십자가

---

[29] 교황청 전교기구 한국지부, 「선교」 13 (2002)에는 '신학적 전통과 영성'을 특집으로 성결교(박명수), 성공회(이정구), 장로교(채수일), 가톨릭(최경선), 정교회(한의종) 글들이 있다.

[30] Alain Besançon, Jane Marie Todd, trans. *The Forbidden Image: Intellectual History of Iconoclasm* (Chicago: The University of Chicago Press, 2000), 187.

외에는 종교 시각 이미지를 제작하거나 설치하는 것을 신앙적으로 불편해 한다. 양치는 목자 예수, 겟세마네 동산에서 기도하는 그리스도와 같은 키치(kitsch) 그림들을 교회 현관 위나 기도실 같은 곳에 설치하는 정도다. 개신교미술인협회가 정기적인 전시회를 하고 있지만 가톨릭미술인협회만큼 활발하지 않으며 작품 주제들도 한정되어 있는 것은 개신교에는 시각 이미지에 대해 교리적인 장애가 있기 때문이다. 그럼에도 불구하고 아이러니하게도 교회 공간에서 폐쇄회로를 통해 목회자의 설교 동영상을 방영하고 있는 것이다.

영성을 위한 예배 공간을 구축하는 방법에는 음악 외에도 시각 이미지를 활용하는 것에 깊은 관련이 있다. 최근 과시적인 국내의 대형 종교건축물 예배 공간은 영성을 고양시키기보다는 공연장과 유사하게 변화해가고 있다. 십 수년 전부터 국내 교회에서 유행하고 있는 텔리-에반젤리즘(Tele-Evangelism)은 교회를 더욱 대형화하기 시작했는데, 전례와 예배가 집행되고 신앙공동체가 공동으로 혹은 개별로 영성을 체험할 수 있기 위해서는 자연의 빛을 이용한 공간 분위기 창출과 성 가구 배치가 조화를 이루어야 예배 공동체의 영성을 고양할 수 있다.[31] 한편 개인의 신앙 양태와 지적 · 심리적 상태에 따라 각각 선호하는 공간의 크기와 분위기가 다르기 때문에 교회가 이 모든 욕망을 충족시켜줄 수 있는 공간을 구축하기란 불가능하다.

---

[31] 이정구, "프로렙시스 (prolepsis)를 향한 예배 공간 의 구성", 「한국기독교 신학논총」 73 (2011), 381.

그러므로 각 기능 공간마다 신학적인 유념을 하며 구축해야 한다.

인위적으로 조작한 영적 공간, 신성한 공간[32]이란 반 데르 레에우(Gerardus van der Leeuw. 1890-1950)가 주장하듯이 그곳에 신의 힘이 반복 작용하거나 인간이 그 힘을 반복 작용하게 함으로써 성지가 되는 장소다.[33] 이 장소에서 성직자에 의해 행해지는 복제된 성만찬에는 복제된 예술품처럼 예수 그리스도가 마가의 다락방에서 열었던 최후의 만찬의 아우라가 없다고 주장할 수도 있다. 이에 대해 기독교는 교단과 교파마다 화체설 혹은 성령의 임재설 등의 다양한 신학적 교리를 태동시켰으며 이에 따라 신자들은 성만찬을 통해 그리스도의 현존함을 체험하고 있다. 종교적 시각 이미지와 상징도 이와 유사하다. 성상을 제작하고 성화를 그리는 그 목적은 우상이나 예술작품을 만들기 위함이 아니라 그 행위 자체로서 성스럽다.[34] 성화상을 통해 구원에 영향을 주는 신비를 보는 동방교회와는 다르게 서방교회는 성화상에서 교육과 교훈, 그리고 계발만을 본다.[35]

국내에도 상담과 심리 치료를 위한 미술 치료라는 놀이 치유 과정이 있다. 이 과정을 통해 심리치유만이 아니라 자신감과 창의성도

---

[32] 멀치아 엘리아데/이동하 옮김, 『종교의 본질: 성과 속』(서울: 학민사, 1983), 47.
[33] 오토 프리드리히 볼노/이기숙 옮김, 『인간과 공간』(서울: 에코리브르, 2011), 184에서 재인용: 신의 공적을 영원히 반복하는 것은 신의 모방으로써 정당화된다. 멀치아 엘리아데, 『종교의 본질: 성과 속』(1983), 82.
[34] 수도승들은 성화를 그릴 때 계속 금식하며 성수에 성인들의 유골을 빻아 섞은 물감으로 그렸다.
[35] Gerardus van der Leeuw, *Sacred and Profane Beauty: The Holy in Art* (London: Weidenfeld and Nicolson, 1963), 175.

자연스럽게 개발되기도 한다. 교회는 주일학교 교육 중에 그림 그리기와 동작 표현, 만들기 등의 과정을 통해 심리 치유와 교육, 창의성 개발을 함께 도모하기도 한다. 가톨릭교회에는 영성을 고양하기 위한 성화를 그리는 모임이 있어서 동호인들의 성화 그림 전시회도 개최한다. 수년 전 감리교신학대학교는 채플 뒤편에 감리교 신자인 조각가 김병화의 작품 그리스도의 고난의 상들을 설치한 바 있다. 목회자를 양성하는 개신교 신학 교육기관 경내에 성상을 설치한 것과 한국 기독교 미술인 협회전 및 기독교 영화제와 같은 행사들이 한국 개신교에 미칠 영향과 그 의미는 크다고 할 수 있다. 이러한 것들을 계기로 한국 개신교회의 종교적인 시각 이미지에 관한 신학 및 신앙적 이해와 수용이 확장될 수 있을 것이다. 그러나 이러한 작품과 전시 및 행사에 일반 신자들이 참여할 수 있는 것은 관객으로서의 '관람'이라는 한계가 있다.

이를 위해 첫째, 사이버 시대에 적응할 수 있는 교회교육의 교육 환경 변화가 요구된다. 예를 들면, 신자들이 직접 참여할 수 있는 웹 3.0 시행 교육과 그 프로그램을 마련하는 것이 시급하다. 이를 통해 목회자도 신자들과 함께 교회의 다양한 프로그램에 참여하여 토론하고 그 지식을 공유할 수 있게 됨으로써 목회자의 영적, 지적 자질도 함양할 수 있게 된다. 교회와 목회자의 권위로 인해 교인들과의 소통이 단절되면 다른 불만으로 표출되어 결국 목회자를 축출하거나 교회에 내분이 발생하게 되는 것이다. 교인들의 영성 개발을 위한 이미지들의 주제와 내용은 그리스도 사역의 사건들, 죽음과 부활을 해석할 수 있는 범주를 넘어서 지나치게 세속화한 이미지를 채택하는 것은 유념해야 한다. 영성 개발의 첫 단계에는 종교적인 색채가 짙은 주제나 소재를 택하는 것이 바람직하지만 점차 세속적인 것에서 영성을 발견하는 단계로 진전할 수 있어야 한다. 그러나 이 단계에는 국내 개신교의 신앙 정서 측면에서 교회 안에 세속 문화에 대한 신학적 검열을 통해 점진적인 수용이 선행되어야 세상과 유리되지 않은 한층 고양된 영성을 개발할 수 있는 것이다.

둘째, 국민 다수가 지니고 있는 스마트폰과 같은 동영상 계기로 사진이나 간단한 소형 영화를 제작하여 교회 홈페이지를 이용해 시사회를 갖고, 트위터나 기타 매체를 통해 신학적·신앙적으로 토론을 하는 것이다. 이것은 특별한 교육과 기술이 없어도 남녀노소 누구나 참여할 수 있다는 장점이 있다. 또한 소재를 일상 생활과 주변에서 찾아 찍음으로써 사회문제에 참여할 수 있는 영성 개발을 할 수 있다. 주제와 소재를 찾는 과정 자체가 영성이며 세상을 측은지심으로 바라보는 것이 영성인 것이다. 이를 위해 필요한 서사를 구성하는 것부터 몇 사람이 역할을 분담하여 작품을 제작할 수 있다. 또 타인들의 작품을 통해 자신의 작품을 투사할 수 있으며 이러한 일련의 행위 과정을 통해 영성은 고양되는 것이다.

셋째, 비록 사이버 공간에서 진행되는 프로그램들이 곧바로 삶을 변화시키고 사회의 다양한 문제들을 해결해주지는 못할지라도 이러한 프로그램들은 상호 횡적 항해를 하며 공동의 지적 자산[36] 및 공동의 공감하는 공동체 영성을 개발할 수 있다.

넷째, 사이버 공간도 하나의 세계이기 때문에 지배하는 가상계급이 실재하게 된다. 따라서 어느 한 특정인의 일방적인 유포 행위나 부적절한 간섭, 비난 등을 통제할 수 있는 장치가 필요하다. 지식과 정보를 공유하는 가운데 자칫하면 자신과 공동체의 영성을 더 혼탁하게 할 위험이 있는 것이다. 언제나 이미지를 조심해야 하지만 반면에 사이버 시대에 유익하게 활용할 수 있는 적절한 매체이기 때문에 특히 교회는 교회와 목회자의 프로파간다를 위해 이미지를 남용하는 것은 경계해야 한다.

V. 맺는 말

기독교에서 시각 이미지에 대한 본격적인 신학 담론은 비잔틴 시대부터 시작되어 종교개혁가들로 이어진다. 특히 성화상에 대한 숭배가 우상 숭배 문제로 추락하면서 교회는 '예술과 상징, 그리고 우상' 의 간극에서 신학적으로 신앙적으로 갈등해왔다. 시각 이미지에 대해 불편한 교리를 해결하지 못한 채 다수의 현대 개신교회는 교회 확장을 위한 교회와 목회자의 프로파간다를 위해 폐쇄회로와 같은 테크놀로지를 이용하여 교회 안에서 이미지를 남용하는 현상이 점차 두드러지고 있다. 최근에는 문자(스토리)를 이미지로 변화시켜

---

36 피에르 레비/김동윤 외 옮김, 『사이버 문화』(서울: 문예출판사, 2000), 302.

동영상화하는 '증감현실'이라는 프로그램도 있다. 다양한 프로그램이 범람하는 사이버 시대에 교회는 이미지 활용을 검열하고 개인과 공동체의 영성개발을 위해 이미지를 수용하는 방안을 모색해야 한다. 인간의 영적 여정의 결과로서 자비[37]와 같은 측은지심(惻隱之心)[38]으로 그리스도의 사역과 죽음, 부활과 구원이라는 신학적 인식의 틀에 개인뿐만 아니라 공동체 그리고 사회적 문제를 투사해가는 과정 중에 영성을 치유하고 고양할 수 있는 것이다.

시각 이미지를 해석하고 싶은 욕망은 의미와 의의, 그리고 진리를 찾으려는 인간의 원초적인 욕망이다. 종교와 영성은 인간의 경험, 신념, 가치, 행동을 구성한다는 점에서[39] 종교 이미지를 해석해가는 과정과 그 결과는 영성의 고양뿐만 아니라 행동의 변화도 가져오는 것이다. 특히 종교적 주제의 교회 건축, 조각, 그림과 같은 비언어적인 상징적 시각 이미지들은 영성의 발현이다. 감상의 대상으로써의 이미지 활용을 넘어 표현에 참여하는 적극적인 창조적 과정 안에서 영성은 개발되고 치유되는 것이다.

맥루한(Mcluhan)은 『미디어의 이해』에서 매스 미디어가 인간을

---

[37] 권명수, "행복의 신학적 이해: 창조 영성신학을 중심으로", 「목회와 상담」 11 (2008), 33.

[38] 맹자에서 나온 사단(四端): 1) 惻隱之心(측은지심): 인(仁)에서 우러나오는 불쌍히 여기는 마음. 2) 羞惡之心(수오지심): 의(義)에서 우러나오는 부끄러워하고 미워하는 마음. 3) 辭讓之心(사양지심): 예(禮)에서 우러나오는 사양하는 마음. 4) 是非之心(시비지심): 지(智)에서 우러나오는 옳고 그름을 아는 마음.

[39] 김필진, "상담 및 심리치료에서 영성과 영성문제에 대한 이해와 통합적 접근", 「목회와 상담」 10 (2008), 23.

확장한다고 했다. 종교적 이미지를 통해 시각을 확장하고 영성을 확장하는 것이다. 그러나 이미지 홍수로 인하여 호기심의 감각을 무디게 하는 것을 조심해야 한다.[40]

---

[40] 존 A. 워커/임산 옮김, 『비주얼 컬처』(서울: 루비박스, 2004), 380.

타자(他者)로서 그리스도
몸에 대한 이해

I. 머리말

천사와 마귀는 인간과 같은 몸이 있는 것일까?[1] 이들도 인간처럼 옷을 입을까? 타자(他者)로서의 천사와 마귀의 실재적인 존재의 가부를 넘어서 성서에 등장하는 많은 아름다운 이미지의 천사들과 일그러지고 추악한 이미지의 마귀들에 관한 이야기에 인간들의 상상력이 작용하여 또 다른 기독교 세계관을 형성해왔다고 할 수 있다. 에덴동산에서 아담과 이브가 선악과(善惡果)를 따먹었다는 이야기

---

[1] 인천가톨릭대학교 주관으로 2006년 9월 21일 명동성당 꼬스트 홀에서 '천사'를 주제로 한 학술심포지움이 있었다. 인천가톨릭대학교 종교미술학부 편, 『천사』(서울: 학연문화사, 2007).

이후, 극소의 지역에서는 일반 현대인은 할 수 없기 때문에 한편으로는 욕망하는 원시적인 생활양태를 보존하며 알몸으로 생활을 하고 있지만 이조차도 관광 상품으로 전락하고 있다. 그러나 알몸으로 생활하는 클럽과 누드로 입장이 허용되는 누드 해변, 혹은 일본이나 독일처럼 선진국에서도 알몸으로 남녀가 사우나를 하는 문화도 있다. 현대 사회에서 일정한 권력을 부여받은 기관은 특별히 허가된 공간 밖에서 알몸으로 공공장소에 출현하거나 이를 사실 묘사의 시각 이미지로 표현하는 것에 대하여 일정한 검열을 한다. 공공장소에서 알몸을 드러내는 건 미풍양속을 해치고 어린이와 청소년의 교육과 정서발달에 해를 주며, 공익을 문란 하게 한다는 것이 검열하는 사회의 공통된 이유다.

기독교는 알몸으로 경기를 해왔던 올림픽 대회를 중지하는 데 깊이 관여를 했으며 미켈란젤로의 〈천지창조〉에 등장하는 알몸에 수차례 옷을 입히는 덧칠을 했던 역사도 있다. 기독교 문화와 가치관을 기저로 삼고 있는 서양은 성(sex)에 관해 적극적인 부정적 주장을 했던 교부 아우구스티누스(Augustine) 이래로 예술가의 고급한 창작활동에서부터 저급한 포르노에 이르기까지 나타나는 인간의 알몸에 대해 부정적인 인식을 보편화시켰다. 특히 몸과 성에 관해 보수적인 유교적 가치관에 이러한 서양의 기독교 세계관이 더해져 알몸과 그로데스크(grotesque)한 몸에 대한 부정적인 선험적 관념은 현대에도 한국인의 일상에 영향을 미치고 있는 것이다.

이 글은 기독교가 몸보다는 영을 더 중시해온 것에 관한 기독교

사상을 다루는 내용은 아니다. 이 글은 기본적으로 들뢰즈(Gilles Deleuze, 1925-1995)와 바흐찐(Mikhail Bakhtin, 1895-1975)의 시각을 토대로 삼아 자신의 몸과 낯선 타자의 몸을 상호 투영하여 자신의 몸의 정체성을 찾으려는 안내이다. 이 과정을 통해 결국에는 기독교인들에게 기관 없는 몸으로서의 그리스도의 몸을 안내함으로써 일선 목회와 목회 상담에 일정한 기여를 하고자 한다. 참된 그리스도인이 된다는 것은 그리스도의 몸을 욕망하며 스스로를 조신하며 참아가는 과정인 것이다. 특히 다양한 욕망과 성 문제로 인해 갈등을 겪는 청소년들에게 몸에 대한 또 다른 시각을 소개함으로써 자신의 정체성을 정립해가면서 몸과 성에 대한 건강한 인식을 갖도록 도움을 주기 위한 글이다.

II. 몸

1. 몸 이해

몸은 질병과 고통을 포함한 인간이 겪는 모든 경험의 '기록장'이라는 말이 있다. 따라서 몸은 그 사람의 역사를 의미하기도 한다. 세계를 '정신, 마음, 영혼'과 '물질, 몸, 육신'의 이분법으로 파악하는 기계론적인 인식의 틀인 서구의 근대성은 인간 이성, 개인 의식의 중심성을 축으로 삼아 그 밖의 영역을 타자(他者)화했다. 특히 마음과 물질의 문제는 고대부터 주요한 철학적 관심의 대상이었다. 플라톤(Platon)은 육체란 영혼의 감옥에 지나지 않는다고 말했는데, 근대 사상가들에게 몸(물질)과 마음의 문제는 인식론과 더불어 철학의 중요한 문제로 자리 잡게 되었다. 이 문제에는 학자마다 공통된 편견이 따르는데 그것은 언제나 마음(mind)을 육체의 우위에 두고자 하는 묵시론적인 합의를 해왔다는 점이다.

데카르트(René Descartes, 1596-1650)는 '생각하는 나'의 존재를 강조함으로써 마음(정신)을 이성적인 인식 능력에 국한시키거나 혹은 그것을 가장 완벽한 모델로 설정하고 있다. 데카르트의 이원론적 · 이분법적인 사고는 정신의 자아를 몸을 가진 자아로부터 분리시키는 것에서 비롯된다. 그러나 정신은 결코 감각, 망상, 억측, 편견, 쾌락적 욕망, 꿈 등으로부터 자유로울 수 없다. 데카르트의 '정신의 나'에 대한 많은 반성들, 즉 부조리한 실존의 인간 상태에 관심을 가졌던 니체(Friedrich Nietzsche, 1844-1900), 인간의 '느낌'을 인식 방법으로 채용한 하이데거(Martin Heidegger, 1889-1976), 정신의 주체로서보다는 몸의 주체를 강조한 메를로-퐁티(Maurice Merleau-Ponty, 1908-1961), '생각하는 나'의 주체보다는 '욕망하는 나'로서 라캉(Jacques Lacan, 1901-1981)[2]과 같은 학자들은 모두, 몸을 이미지로 그들의 사상의 축을 옮긴 철학자들이다.

---

[2] 라캉은 어린이의 거울단계를 정체성 형성 과정으로 보며, 처음으로 그 이미지 안에서 자기 몸의 파편적 이미지들을 통합할 수 있게 된다고 말한다. 벵자맹 주아노/신혜연 옮김, 『얼굴, 감출 수 없는 내면의 지도』(파주: 21세기북스, 2011), 123.

그러나 후기 구조주의자이며 텍스트 기호학자인 줄리아 크리스테
바(Julia Kristeva, 1941-)와 같은 페미니스트 학자들은 이러한 담론
에 반기를 들었고,[3] 바흐찐은 몸은 물질이며 기억인 동시에 이데올
로기의 총체라고 주장한다. 즉 몸이란 양피지 위에 글을 쓰는 것과
같아서 잘 지워지지 않은 상태에서 그 위에 다시 덮어쓰는 것이라는
말이다.[4] 이렇게 몸은 크게 담론과 물질로 나눌 수 있는데 담론은 대
개 이미지 단계에서 정체성이 형성되는 것을 다룬다.[5] 원래의 '나'
가 있는 것이 아니라 이것은 외부에서 보는 것이며 카멜레온처럼 끝
없이 변화하는 것이다.

20세기의 구조주의 언어학이나 기호학의 발전에서 비롯된 성과는
인간의 합리적인 선택, 혹은 이성적으로 판단하는 인간이라는 사고
자체가 허상이라는 결론에 이른 것이었다. 즉, 인간의 사유는 언어
에 의한 것이며, 인간이 언어의 주인이 아니라 거꾸로 인간 주체는
언어가 만들어낸 허구적인 상상의 결과물이라는 것이다. 이러한 담

---

[3] 시몬느 드 보봐르는 "제2의 성(the second sex)"에서 '타자성'은 인간 사고의 근원적인
카테고리이며 여성 문제가 사소한 것으로 보인다면 이것은 남성적 거만함이 사소한 시
비거리로 만들었기 때문이라고 했다. T. 구마 피터슨, P. 매튜스/이수경 옮김, 『페미니
즘 미술의 이해』(서울: 시각과언어, 1994), 98에서 재인용; 줄리아 크리스테바, "지오
토의 즐거움", 노만 브라이슨 외/김융희, 양희은 옮김, 『기호학과 시각예술』(서울: 시
각과언어, 1998)을 볼 것.
[4] 이것을 팔림프세스트(palimpsest)라고 한다. 기억과 관련한 장소성을 말할 때도 사용한
다. 이정구, "교회 문의 상징적 의미", 인천가톨릭대학교 조형예술대학, 『문』(서울: 학
연문화사, 2011), 67.
[5] 어린이가 거울에 비친 자신의 이미지를 통해 자신의 정체성을 인식하는 것은 거울 밖의
상호작용 안에서 가능한 것이다.

론은 인간 주체 이전에 언어가 있다는 것(제로 상태의 주체)을 제시했다는 점에서 혁신적이지만, 그렇다고 이들이 몸과 마음의 전통적인 관계를 완전히 해체하였다고 할 수는 없다. 언어의 구속으로부터 벗어나려고 하는 입장이 후기 구조주의⁶라고 할 수 있다. 이것은 언어가 감싸고 있는 관습, 도덕, 이론, 제도 등의 구속하에 인간 주체가 놓여 있는 상황을 인식하고(미셸 푸코Michel Foucault, 1926-1984) 그러한 언어적 담론에서의 해방을 의미한다. 다시 말해 인간 정신(이성)의 산물들로부터 인간 존재를 해방시키려는 노력에서, 감각 또는 욕망과 관련된 몸의 영역이 대두되는 것이다. 그리고 이러한 영역을 가장 잘 섭렵할 수 있는 영역으로서는 철학과 같은 인식 분야보다는 오히려 프랑스 사회학자 리오타르(Jean-Francois Lyotard, 1924-1998)가 언어의 우위에 반대하여 형상, 형태, 이미지의 우위를 강조했던 것처럼 예술 담론에서일 수 있다. 진리는 원근법의 원리처럼 고정되어 있는 것이 아니라, 고정되어 있지 않은 의미를 깨닫기 위해서는 사유가 아닌 몸의 지각을 통해서 접근해야 한다는 메를로-퐁디식의 인식이 들뢰즈로 계승된다고 할 수 있다. 들뢰즈는 개념과 구체적인 경험, 즉 그가 시도하는 사유의 형태란 바로 '만남과 충돌'의 모습으로 관계 지어지는 형태라고 하며 하이데거는 고정된 불변의 진리란 있을 수 없으며 진리란 존재를 드러내지 않고 있다가 그때그때 그 모습을 드러내는 것이라고 했다.

---

⁶ 이 견해를 포스트모더니즘이 전적으로 받아들이게 된다.

디지털시대에 컴퓨터 안에서 여섯 일곱 개 이상의 창이 동시공간에 존재할 수 있는 만큼 자아도 복합적인 자아가 가능하게 되었다. 몸과 기술이 상호 교접하면서 물질의 본성과 담론을 극복할 대안으로써 사이보그(Cyborg)의 정체성 문제[7]가 대두되기 시작했다. 결국 몸에서의 담론과 물질의 문제는 성에서 섹스와 젠더가 서로 공유하는 게 있듯이 공유할 수밖에 없는 것이다. 본질이 없다는 건 허무한 것으로써 결국에는 종교적인 문제로 회귀하게 되는 게 아닐까.

기괴망측한 몸이나 성인과 같이 지나치게 거룩한 몸 이미지는 원근법적인 자아중심, 나르시즘의 관점에서 볼 때 이것은 '나'와는 아주 다른 완전한 타자다. 이것은 타자의 몸 담론으로 인종, 여성, 사이보그, 요정, 천사의 문제를 다시 바라보게 한다.

2. 그리스도의 몸

니케아 신조(325)는 아리우스가 성자는 피조물로서 그의 신성이 성부의 신성과 같지 않다고 한 주장에 대해 아타나시우스가 성육신 신앙에 위배된다고 보고 논쟁을 한 결과물이다. 니케아 신조의 주된 고백은 성자는 성부와 본질이 동일하다는 것이다. 이 신조는 그리스도의 구속을 말하기 위해 신학적으로 조작된 신조라고 할 수 있다.

---

[7] Gill Kirkup (eds.), *The Gendered Cyborg: A Reader* (London: The Open University, 2000)를 볼 것.

그리고 385년의 콘스탄티노플 신조는[8] 예수의 몸은 인간의 몸이지
만 그에 관한 신학적인 시스템은 보통 인간과는 다른 타자임을 말하
고 있다.

들뢰즈는 '기관 없는 몸(body without organs)' 을 말하면서 하나님
은 유기체(organism)를 창조하였다고 한다. 이것은 기관(organs)의
유기체화(organization)를 의미하는데, 이것이 곧 생명이다. 기관이
없는 몸이야말로 하나님의 판단(심판)을 피할 수 있는 길이다.[9] 기관
이란 욕망과 관련된 특별한 기능을 담지하는 것을 의미한다. 그리스
도의 몸은 신성을 포기한 몸으로서(빌립보 2장 7절) — '당신의 것을
다 내어놓고(empties itself) 종의 신분을 취하셔서 우리와 똑 같은 인
간이 되셨다' — 들뢰즈와 카타리(Pierre-Félix Guattari, 1930-1992)는
'내어놓는다, 혹은 자신을 비운다' 는 것에 대해 구분하여 말한다.
첫째는 자기학대증, 심기증, 혹은 편집증 같은 데서 찾아볼 수 있는
것으로써 보통 음울하고 거친, 기관 없는 몸으로 묘사된다. 둘째는
참고 조신하는 것인데, 이것이야말로 기관 없는 몸 자체를 성공적으
로 만드는 방법이다. 그리스도는 욕망 없이 자신을 조신하게 참고
비움으로 기관 없는 몸으로 육화를 한 것이다.[10] 이렇게 모든 것을

---

[8] '우리 인간을 위하여, 우리의 구원을 위하여 하늘에서 내려오셔서, 성령과 동정녀 마리
아로부터 사람이 되시고, 본디오 빌라도 치하에서, 십자가에 못 박히시고 고난을 받고
묻히시고, 성경 말씀대로 사흘 만에 부활하셔서 승천하시고 하나님의 오른편에 앉아 계
시며, 산 자와 죽은 자를 심판하시기 위해 영광스럽게 다시 오신다' 는 내용이다.

[9] Judith Poxon, "Embodied anti-theology: The body without organs and the judge-
ment of God", *Deleuze and Religion*, Mary Bryden(ed.) (London: Routledge,
2001), 42.

비운, 기관 없는 그리스도의 몸은 인간의 영적인 욕망의 대상으로 인간이 닮아가고 싶은, 경배 받아 마땅한 긍정적인 타자로 존재한다.

예수의 화육은 예수가 인간의 구원을 위하여 받은 고통을 담는다. 그래서 미사는 장엄하고 비극적이기까지 하다. 고통 받는 얼굴은 또 하나의 타자로서 자신은 그와 같은 고통을 받고 싶지 않은 심정과 측은지심을 동시에 유발한다. 이것을 동시에 감쌀 수 있는 이미지는 에로틱한 몸이다. 에로틱한 예수의 고통 받는 몸은 고통스러운 얼굴을 고귀하며 숭고하게 고양시킨다. 또 화체설에 입각한 성체성사는 예수 주님의 몸이며 예수 주님의 피를 먹고 마신다고 믿는다. 4세기경의 그리스 성 야고보 미사예문 중 정교회 봉헌 때 부르는 노래는 지금도 성공회에서 사용(성공회 성가책 245장)하고 있는데 그 가사는 다음과 같다. "마리아의 몸을 빌어 사람으로 오시어 살과 피를 나누어서 우리에게 주시니 하늘 양식 되신 예수 만 군의 주시로다." 여기에서 말하는 마리아의 몸은 수태와 태아의 양육을 위한 기관(organ)으로서의 몸이다. 출산, 혹은 재생산을 위해서는 성적인 것이 동시에 수반되지만 마리아의 몸은 성적인 요소는 없고 단순히 재생산을 위한 기능적이며 도구적인 몸일 뿐이다. 마리아의 몸은 인공 수정한 대리모의 몸과 같은 타자이다. 조르쥬 바타유(Georges Bataille, 1897-1962)는 "에로틱함이란 본래 터부와 제한에서 벗어남을 의미

---

10 *Ibid.*, 91-96.

한다"[11]라고 말했다. 즉, 유한하고 폐쇄적인 한 여인의 몸이 에로틱해짐에 따라 제한과 단절을 초월하여 만인의 연인이 되는 것이다. 에로틱한 것은 엄숙한 의식이나 분위기 속에서 근접할 수 없는 신성한 타자로 드러나기도 한다. 이 신성한 몸에서 태어나서 에로틱함을 넘어 고결한 마리아의 몸과 그녀의 무릎 위에 누워 있는 고통 받고 있는 예수의 몸은 모두 완전한 타자의 몸이다. 이 몸은 비물질화되고 초월화되어 신성이 드러난다. 레비나스(Emmanuel Levinas, 1906-1995)는 초월이란 고통 받는 얼굴의 모습으로 나타나는 절대적인 타자와의 만남, '관계 지음'이라고 말한다.[12] 그의 몸은 구세주로서의 인간과의 만남과 올바른 관계 지음을 위한 인간의 욕망으로 인해 마리아와 더불어 더욱 아름답고 에로틱하게 조작되는 것이다.

III. 그로테스크한 몸

중세기에는 종교적인 이유로 개인의 생김새를 무시하고 초상화를 제작했으나 르네상스기에 와서는 그 시대에 이상으로 생각하는 인물의 이미지로 모든 초상화가 유형화되어 나타나는 것을 볼 수 있다. 이상적인 얼굴, 이상적인 몸은 시대마다 다르지만 항상 존재해

---

11 피터 브룩스/이봉지, 한애경 옮김, 『육체와 예술』(서울: 문학과지성사, 2000), 502.
12 서동욱, 『차이와 타자』(서울: 문학과지성사, 2002), 144.

왔다. 같은 시공간에서일지라도 나이와 취향에 따라 이상적인 몸은 존재한다.

사춘기 시절 잠시 넋을 빼앗은 한 이성(여성)의 장기, 위장이나 항문 따위의 유무에 대해 감히 생각해본 적이 없다. 그는 요정과 같은 완전한 타자였다. 요정에도 장기가 있을까? 사이보그에는? 조만간 피지옴(Physiom)[13] 시대가 온다고 한다. 이것은 가상 장기와 조직을 만드는 연구이다.

바울은 특히 죄에 관심을 갖는다. 삶을 body와 soul의 갈등으로 보고, body를 다시 spirit와 flesh로 구분하면서 이 양자 사이의 갈등 관계를 말하는데 flesh(육)가 단순히 body(몸)를 의미하지는 않는다.[14] 죄는 육이 하는 일(the works of flesh, 육정)에서 비롯되며[15] 육의 힘은 바로 몸의 약점이기도 하다. 몸의 연약함과 유혹은 하나님을 거역하는 데서 오는 것이며 육의 힘은 죽음으로 인도한다. 기독교인들의 육에 대한 관념은 몸을 싸고 있는 불안한 연합체로 여길

---

[13] "생명을 뜻하는 접두사 physio와 전체를 뜻하는 접미사 ome의 합성어이다. 1995년 미국 워싱턴대의 제임스 배싱웨이트 교수가 처음 제창한 이론으로 구조보다 기능을 강조한다는 점에서 지놈(genome)과 대비된다. 지놈이 유전자를 분자단위까지 파고들어가는 미시적 개념이라면 피지옴은 IT와 BT가 협조해 생명현상을 밝히는 거시적 개념이다. 현재 일본 게이오대학과 미국 국립보건연구원은 가상세포를 만들고 있으며 많은 생명공학 벤처들이 피지옴 연구에 뛰어들고 있다." : 엄용의, "지놈 이후는 피지옴시대" 「시론」(중앙일보, 2002년 11월 4일), 7면.

[14] Peter Brown, *The Body and Society: Men, Women, and Sexual Renunciation in Early Christianity* (New York: Columbia University Press, 1988), 48.

[15] 갈라디아서 6:19 이하: 육정이 빚어내는 일은 명백하다. 음행, 추행, 방탕, 우상 숭배, 마술, 원수 맺는 것, 싸움, 시기, 분노, 이기심, 분열, 당파심, 질투, 술주정, 흥청대며 먹고 마시는 것, 그 밖에 그와 비슷한 것.

뿐이다. 건강한 몸은 바로 정신(spirit)에서 온다고 믿는다. 그러나 육이 독자적으로 할 수 있는 일이 있을까?

육체라는 주제는 '죄'의 문제와 더불어 남녀의 성이 사라지지 않는 한 인간 문화의 주된 관심의 대상일 수밖에 없다. 그러나 인간의 의식은 열려 있는 세계와의 지속적인 관계에 의존하기 때문에 의식과 물질은 결합한다. 따라서 몸의 체험이란 퐁티의 말처럼 모호성을 지닐 수밖에 없는데, 그것은 몸(육신)이 순수 물질도 순수 의식도 아니기 때문이다. 문제는 신체가 없는, 시선이 없는 영혼[16]이 아니라 사랑하고 체험하며 인식하고 고통하며 먹고 배설하는 신체인 것이다. 인간은 인간을 포함한 모든 동물의 몸에서 배출되는 배설물을 더럽게 여긴다. 눈물은 그 정도가 덜하지만 땀, 침, 귓밥, 트림, 콧물, 오줌, 방귀, 똥, 생리 피, 정액 등 좋은 혹은 깨끗한 이미지를 지닌 것은 하나도 없다. 이러한 것들은 종종 현대 작가들의 작품 소재가 되기도 한다. 생리적인 순환현상은 한 몸에서 이루어지는 것임에도 불구하고 들어가는 것은 깨끗하고 나오는 것은 더럽다고 여기는 것에 대한 반동적인 작품이다. 머리를 사용하는 활동은 존중하고 육체노동을 천시하는, 육신을 비하하는 유전적인 관념을 비판하는 것이다.

일반 사람들의 이미지와는 다르게 표현되는 것들은 몇 가지로 나누어볼 수 있다. 하나는 서양에서 일찍부터 나타나고 있는 기괴망측

---

[16] 레지스 드브레/정진국 옮김, 『이미지의 삶과 죽음』(서울: 시각과언어, 1994), 337.

한, 그로테스크(grotesque)한 몸의 이미지이다. 사람과 동물을 합성한 이미지들이 많은데 마녀, 연금술, 고딕성당의 낙수받이인 가고일(Gargoyle)[17] 생리학 같은 곳에서 이런 이미지들이 많이 등장한다. 르네상스 시대의 보쉬(Bosch, 1450-1516) 그림도 그 한 예라고 할 수 있는데, 이것은 다시 선한 요정과 같은 좋은 이미지와 나쁜 요정과 같은 이미지 군으로 나눌 수 있다.[18] 동양도 크게 다르지 않은데 동물과 합성된 이미지는 아니지만 금복주나 달마대사, 도깨비, 장승과 같은 해학적인 이미지가 있는 반면에 신성한 이미지들도 있다. 이것도 일반 사람의 이미지와는 다르게 표현되는데 부처, 성인, 성모와 예수 이미지들이 그러하다.

그런데 왜 사람들은 기괴망측한 이미지를 만들어냈을까? 바흐찐(Mikhil Bakhtin, 1895-1975)은 그의 책『프랑수아 라블레의 작품과 중세 및 르네상스의 민중문화』에서 '그로테스크한 몸의 이미지와 그 기원'에 대해 상세히 밝히고 있다. 물론 러시아가 주된 배경이지만 러시아는 지역적으로 동서의 가운데에서 문화적 교량 역할을 담당했던 나라다.

기괴망측한 몸 이미지의 특징은 나의 것(이미지)과는 아주 다른 '구멍과 돌출'[19]의 과장과 과소에 있다. 즉 신체의 어느 특정 부위가

---

[17] 이에 관해서는 Mike Harding, *A Little Book of Gargoyles* (London: Aurum Press, 2000)과 Darlene Trew Crist, *American Gargoyles: Spirit in Stone* (New York: Clarkson Potter Publishers, 2001)을 볼 것.
[18] Brian Froud, *Good Faeries, Bad Faeries* (London, Pavilion Books, 1998)를 볼 것.
[19] 미하일 바흐찐/이덕형, 최건영 옮김, 『프랑수아 라블레의 작품과 중세 및 르네상스의

그로테스크한 모양의 가고
일들

외곡되어 묘사된다는 점이다. 예를 들어 코, 입, 귀, 성기 따위를 크거나 작게 표현하는 것이다. 이런 이미지들은 대체로 추하거나 해학적이다. '욕설과 웃음'이 '바보제'의 근간을 이루듯이 민중들의 고된 삶은 이러한 해학을 통해 정화되었다고 할 수 있다. 그런데 이러한 해학적인 이미지들이 신성한 고딕성당을 장식하고, 마을 지킴이로 사용되는 이유는 무엇일까? 첫째는 이 우스꽝스럽고 기괴망측한 몸의 이미지로부터 우주적 공포를 극복할 수 있었다는 점이다. 즉웃음으로 모든 두려움을 극복하고자 했던 것이다. 성의 속성이 진지함, 엄숙함이라면 속의 속성은 가벼움, 소음, 해학이기 때문이다. 이것은 성과 속이 공존하는 방식일 것이다. 성당 벽에 설치한 해학적인 가고일(낙수받이)은 중세 고딕성당의 지나친 거룩함과 웅장함, 진지함과 엄숙함에 대한 심리적인 완충기능을 담당한다. 이것을 통해 성과 속을 동시에 지향하는 속성을 지닌 인간은 특정한 시간과 장소에서 거룩함과 진지함에 다가갈 수 있는 장치를 마련한 것이다.

바흐찐은 형상화된 몸은 우주적이며 "수태시키고 수태된 몸이며, 출산하고 출산된 몸이고 먹어치우거나 먹힌 몸이며, 마시고 배설하고 아프고 죽어가는 몸"[20]이라고 한다. 그래서 눈, 손, 발을 형상화하지 않고 생식기, 엉덩이, 배, 코, 입을 과장한 형상들이 많다고 한다. 이러한 몸은 에로틱한 몸과는 상당한 거리가 있다. 광고와 포르

민중문화』(서울: 아카넷, 2001), 494.
[20] *Ibid.*, 495.

노그라피에서 형상화하는 에로틱하게 상품화된 몸.[21] 또한 타자의 몸으로서 현대인의 숭배의 대상이 되지만 기괴망측한 몸은 경멸받아 마땅한 타자의 몸이다. 기괴한 이미지의 몸을 통해 내 몸이 노트르담의 곱추와도 같은 기괴망측한 몸이 아님을 확인하며 자신의 몸에 대한 정체성을 확인한다. 그리고 그러한 몸을 더욱 완전한 타자로 분리시킨다. 아이들은 낯선 노인의 주름진 얼굴과 몸을 기괴한 타자로 인식하며 싫어하는 것이다.

가고일(gargoyle)의 라틴어 의미는 식도(gargula), 혹은 목구멍으로 불어의 '양치질하다'(to gargle)와 연결되어 있다. 서양 교회의 가고일은 12세기 무렵 그리스와 로마 지역의 비기독교인들이 교회에 유입한 것이다. 이 기괴망측한 이미지들은 교회의 낙수받이에만 사용된 것이 아니라 대학 건물, 정원은 물론 심지어 목걸이나 열쇠고리에 이르기까지 여러 장식품에 사용되고 있다. 한국에서 탈이나 하루방 이미지들이 다양하게 사용되고 있는 것과 비슷한데, 이것은 단순히 장식의 기능을 넘어 부적과 같은 기능을 한다고 믿고 있다. 교회가 이러한 가고일을 수입한 것은 이교도들을 흡수하는 동시에 당시 문맹의 중세인들에게 죄의 대가에 대한 공포를 시각적인 이미지를 통해 쉽게 일깨워주기 위함이었던 것 같다.[22] 다른 하나는 절의 사천왕상이나 장승처럼 주로 악귀를 쫓는 부적의 기능이다. 또 이러

---

[21] 피터 브룩스/이봉지, 한애경 옮김, *op. cit.*을 볼 것.
[22] Crist Darlene Trew, *American Gargoyles: Spirits in Stone* (New York: Clarkson Potter, 2001), 13-16.

한 가고일을 통해 인간은 미와 선의 덧없음을 상기하면서 즐거워했다. 가고일은 타자로 존재하면서 인간에게 교훈적인 기능, 장식적인 기능, 축마적인 기능, 낙수받이로써의 실용적인 기능, 심적인 유쾌함을 주는 다양한 기능을 동시에 하고 있다.

인종 간 다툼의 대표적인 예로 기독교도와 유태인과의 반목은 히틀러에 의해 아우슈비츠에서 최악의 꽃을 피웠다. 이 두 부류 간의 갈등 역사는 성서에서도 나타나지만 셰익스피어는 『베니스의 상인』에서 유태인 고리대금업자 샤일록을 통해 샤일록의 돈을 빌려간 기독교도를 비난한다.[23] 기독교도들의 시각으로는 유태인이란 마땅히 게토에서 거주해야 할 타자이다. 호주와 일본의 원주민, 아메리카 인디언 모두 게토에서 머물다가 죽어야 마땅한 타자들이다. 이들의 똥은 훨씬 더 더럽고 구린내가 짙은, 거름에도 못 쓸 똥이다. 이들은 타자로서 차별 지워져 일정 지역에 감금당함으로써 이들을 감금한 자들에게 우월성과 나르시즘을 제공하는 것이다. 이것은 오리엔탈리즘과 탈식민주의 이론과도 밀접하다.

반면에 인간에게는 자신과는 다른 완벽한 이상적인 타자를 조작하거나 창조하여 숭배하면서 그 타자를 닮아가려는 욕망도 혼재해

---

[23] "유태인은 눈이 없나? 유태인은 손, 육체기관, 크기, 감각, 애정, 열정이 없나/ 기독교도와 같은 음식을 먹고, 같은 무기에 부상을 당하고, 같은 질병에 걸리고, 같은 방법으로 치료 되고… 당신들이 우리를 찌르면 우리는 피도 흘리지 않나? 당신들이 우리를 간지럽히면 우리는 웃지를 않나? … 그리고 당신들이 우리에게 나쁜 짓을 하면 우리는 보복하지 않나? 우리가 당신들처럼 평온하게 있다면 당신들을 닮을 것이다". 『베니스의 상인』 3장. 리차드 세넷, 임동근 외 역, *op.cit.*, 264-65.

있다. 그래서 예수 그리스도와 성모 마리아의 얼굴과 몸은 일반적인 사람의 얼굴과 몸에 비해 월등히 잘생기고 아름다워야 했다. 이것은 예배 받아야 할 거룩한 타자로 분리시켜야 했기 때문이다. 과거에는 자신의 얼굴에 가면을 쓰고 일상복이 아닌 특별한 옷을 걸쳤지만 가면은 사실상 나중에 자신의 정체를 밝히기 위해 자신을 숨기는 도구이며 진짜 즐거움은 가리고 벗기는 과장에 있었다.[24] 그러나 현대인들은 과거의 자신의 몸에 대한 정체성을 영원히 감추거나 버리고 적극적인 화장으로써 성형을 한다.[25] 이것은 자신의 과거 몸과의 단절이고 타자들과의 또 다른 차별성으로 새로운 정체성을 갖으려는 욕망이며, 본래의 자신에서 분리된 타자의 모습인 것이다.

IV. 새로운 몸

중세 사람들은 한국인이 기괴망측한 탈이나 상승 이미지들에 익숙한 것처럼 축제와 문학, 혹은 미술을 통해 이러한 몸 이미지들에 익숙해 있었다고 할 수 있다. 특히 이러한 기괴망측한 몸의 입이나 항문을 통해 엽기적으로 불쾌한 물질이 삐쳐 나오고 튀어나오는 것

---

24 벵자맹 주아노/신혜연 옮김, 『얼굴, 감출 수 없는 내면의 지도』, *op. cit.*, 88.
25 바로크 시대의 미술은 매우 개성적으로 표현된 남성과 여성들이 자주 등장하는데, 특히 루벤스의 그림에서 남성들은 건장하다 못해 과도한 근육을 가진 모습으로 그려졌다. 에드워드 루시-스미스/정유진 옮김, 『남자를 보는 시선의 역사』(서울: 개마고원, 2005), 174.

은 지옥의 사탄이 하는 몫이었다. 엽기적인 것은 정상적인 것들보다는 훨씬 더 항상 새롭고 진기한 뭔가를 보고 싶어 하는 인간의 욕망을 충족시켜줄 볼거리의 주된 메뉴인데,[26] 현대 사회에서는 포르노, 이상한 성행위, 동성애, 수간 같은 엽기적인 포르노그라피가 이 자리를 대신하고 있다. 삼키고 먹어치우는 크고 벌어진 기괴망측(그로테스크)한 입은 여성의 성기와 자궁에 은유적으로 결합하고 배설물은 재생산 또는 출산과 결합한다. 아벨의 피를 마신 후 비옥해진 땅에서 곡식은 자라나고 이것을 먹고 마심으로 인간은 재생산되는 것이다. 그리스도의 몸과 피를 먹고 마시어 영혼이 비옥해지고, 죽더라도 죽지 않는 영생의 인간의 몸과 그 스토리텔링의 근본성에서 크게 다를 바가 없다.

바흐찐은 근대 사회에 이르러 새로운 규범이 태동되면서 생식기, 엉덩이, 배, 코와 같은 부위보다는 개별적으로 성격을 묘사하고 감정을 표현하는 머리, 얼굴, 눈동자, 입술, 근육 체계 등 외부세계에서 몸이 갖는 개별적 위치가 중요한 자리 매김을 하게 된다고 말한다. 즉, 새로운 규범의 몸은 기괴망측한 몸과는 다르게, 자신에 대하여만 말하는 '단일한 몸'으로써 죽음은 그저 죽음일 뿐 더 이상 탄생과 합치되지 않는다고 주장한다.[27] 기괴망측한 몸은 자신의 몸을 내줘 다른 몸을 탄생시킨다. 새로운 규범의 몸은 젖을 먹이는 엄마의

---

[26] 볼거리에 관한 인간의 욕망 변천사는 에이드리언 포티/허보윤 옮김, 『욕망의 사물, 디자인의 사회사』(서울: 일빛, 2004)를 볼 것.
[27] 미하일 바흐찐/이덕형, 최건영 옮김, *op. cit.*, 499.

몸과 젖을 빠는 아기의 몸이 분리되어 나타나는 몸이다. 이 몸은 기괴망측한 몸의 구멍을 막고 돌출을 평평히 한 몸이다. 재생산이 분리된 더욱 에로틱하고 잘생긴 성모마리아와 아기예수가 엄마 팔에 안겨 서로 독립적으로 나타나는 것은 곧 재생산, 새로운 탄생의 새로운 규범의 몸의 대표적인 예라고 할 수 있다.[28] 새로운 규범에서는 기괴망측한 몸에서 튀어나오는 배설물에서 끝없는 재생산의 실마리를 찾지 않는다. 비신자가 볼 때 이 자체가 기괴망측하겠지만 기독교인들은 죽고 부활한 기관 없는 그리스도의 몸과 피를 먹고 마심으로써 불멸을 자신의 몸에 축적하고 있는 것이다. 그리스도의 최후의 만찬은 불멸할 새 언약을 세우기 위해 자신을 희생할 생명을 상징하는 것이었다.[29] 기관 없는 몸은 원 질료로서의 근본적인 힘을 갖고 회전하는 생명의 파동이 지나가는 거대한 장(場)이다. 기관 없는 몸은 모든 기관에 대립하는 것이 아니라 유기체라는 기관들의 조직화에 대립하는 몸이다.[30]

[28] 르네 콕스(Renee Cox)의 조각 '요 마마'가 그 대표적 작품이다. 도판은 이정구, 『교회 그림자 읽기』(서울: 다산글방, 2011), 76.

[29] 문병하, "고린도전서 8-11장에 나타난 주의 만찬에 관한 연구", 「신학과 실천」 26 (2011), 49.

[30] Gilles Deleuze, Felix Guattari/Brian Massumi (trans), *A Thousand Plateaus* (Minnesota: The University of Minnesota, 1987), 158.

V. 맺는 말

기괴망측한 가고일과 같은 몸도, 종교적으로 승화시킨 도상과 같
은 이상적인 이미지의 몸도 모두 인간과 분리된 타자의 몸이다. 그
러나 서로 다른 이 두 종류의 이미지는 자신을 차별화하는 매개가
되곤 했다. 유럽인들에 의해 재구성된 오리엔탈리즘[31]이라는 허상
의 배후에 자리 잡고 있는 동양은 정복당하거나 개척 받아 마땅한
원시적인 타자이며, 한편으로는 신비하고 환상적인 타자인 것처럼,
인간 몸의 한편은 푸코가 말하는 권력(우월감)과, 나르시즘, 가벼움
그리고 해학이, 그 다른 한편에는 루돌프 오토의 거룩함과, 진지함,
웅장함 그리고 비극이 서로 혼재하여 기괴망측한 몸과 성스러운 몸
을 동시에 만들어내는 것이다. 전자는 우주적 공포를 극복하고 후자
에 접근하는 매개로 사용하면서 동시에 이러한 몸들을 통해 인간은
스스로의 정체성을 확인했던 것이다. 인간은 그만의 재생산을 위한
길로서 기괴망측한 몸과 거룩하거나 혹은 에로틱한 이상적인 몸을
끝없이 제작하고 있다. 이 상이한 두 이미지의 몸은 인간에게 재생
산의 욕망을 충족시켜주는 몸이다.

욕망 충족을 향한 욕망을 통제하기 위해 사회는 징계라는 제어를
해왔으나 현대 사회는 그 제한마저 자율화되었다. 특히 자신의 몸을

---

[31] 존 맥켄지/박홍규 외 옮김, 『오리엔탈리즘: 예술과 역사』(서울: 문화디자인, 2006)를
볼 것.

둘러싼 욕망, 그것은 타자에 대한 타자로서, 또 자신의 과거 몸과의 단절을 욕망하고 새로운 타자로서의 자신에 대한 욕망 충족의 수단으로써 성형을 한다. 예배도 이와 같아서 자신의 속된 일상 공간과 단절하고 새로운 영성의 공간을 욕망하며 교회에 가고, 자신의 거주 공간을 신성한 이미지와 음악으로 채움으로써 타자의 영적 공간으로 구축하기도 한다. 특히 특정한 공간 안에서의 빛과 색,[32] 그리고 신성한 음악은 그 어느 예술 장르보다도 거룩하게 하는 힘[33]이 있어 자신을 타자화한다. 이것을 도시 공간에까지 확장하여 콘스탄티누스 황제는 개선문을 교회 문처럼 상정하고 로마 시를 신성화하기도 했다.[34]

새로운 규범에서 개체로 분리되어 모든 것을 비운 타자로서의 성스러운 마리아와 아기예수, 그리스도의 몸과 피는 우주적 공포를 극복케 할 뿐만 아니라 재생산을 넘어 영생을 선물한다. 그리고 이것을 통해 인간은 자신의 존재를 확인하는 것이다. 그러나 영생의 욕망 충족을 구현하기 위한 인간의 재생산 공식은 새로운 타자로서 기괴망측한 사이보그의 몸과 자신의 복제된 몸을 만들고 있다. 이것은 조만간 인간 스스로의 정체성을 잃고 자멸을 초래할 것이 분명하다.

---

[32] 이정구, "예배공간에서 빛과 색에 관한 신학적 의미", 「신학과 실천」 26 (2011), 86; David Heald, *Architecture of Silence: Cistercian Abbeys of France* (New York: Parabola Books, 2000), 41.

[33] 조기연, "예전과 음악의 관계성에 관한 한 연구", 「신학과 실천」 26 (2011), 69.

[34] 스피로 코스토프/양윤재 옮김, 『역사로 본 도시의 모습』(서울: 공간사, 2009), 171-78. 창조신을 모시는 신앙이 집중된 도시들을 소개하고 있다.

후대인들은 기관 없이 스스로 비운 그리스도의 몸을 기괴망측한 신화적인 몸으로서만 기억할 수도 있을 것이다. 참된 그리스도인이 된다는 것은 스스로를 비운 기관 없는 몸으로서의 그리스도의 몸을 욕망하면서 자신을 조신하며 참아가는 과정인 것이다. 초기 그리스도인의 금욕적 영성은 절제 훈련과 함께 덕행의 실천을 의미했다는 것을 상기할 필요가 있다.[35]

---

[35] 조던 오먼/이홍근, 이영희 옮김, 『가톨릭 전통과 그리스도교 영성』(왜관: 분도출판사, 1998), 43; 김승호, 『목회 윤리』(대구: 하명출판, 2011), 138.

8

세례반 신학

I. 머리말

모든 종교는 저마다 신앙 공동체의 정체성과 일치 의식을 고양하기 위한 입교식을 갖고 있다. 이 점에서는 회사나 학교와 같은 기관의 입사식이나 입학식과 그 목적이 동일하지만 종교의식인 경우에는 그 종교의 초석이 되며 또 지향하려는 교리적 개념이 덧붙여진다. 야훼가 이스라엘 족속을 향해 "정화수를 끼얹어 너희의 모든 부정을 깨끗이 씻어주겠다"(에제키엘 36장 25절)는 기록을 보면 구약시대에도 물을 수단으로 하여 정결하게 했던 것을 알 수 있다. 힌두교도 기독교처럼 물로 입교 의식을 하는데, 기독교의 세례는 성서에 기록된 대로 예수가 요단강에서 세례자 요한으로부터 세례를 받고

(마태 3:16, 누가 3:21, 마가 1:9) 이 의식을 신도들은 물론 이방인들도 받기를 권고한다(행 10:47). 종교의 입교(세례) 의식에서 주로 물이라는 매개를 사용하는 것에는 물의 기능성뿐만 아니라 다양한 상징적 의미가 있기 때문이다.[1]

기독교에서의 세례의 정확한 기원은 알 수 없으나 레위인의 관습인 정결법에서 그 기원을 찾을 수 있으며 이것은 통과의례이기도 했다. 베드로는 세례를 교회에 들어오는 의식이며 성령을 받는 표로 삼았고 바울은 죄를 씻는 상징으로서 그리스도와 새로운 관계를 맺는 상징(고전 6:11, 갈 3:26)이라고 했다. 세례에 관한 초기 신학적 논쟁은 2세기 사도교부 헤르마스(Shepherd of Hermas, 1세기 후-2세기 초)와 순교자 저스틴(Justin Martyr, 2세기 초) 그리고 이레니우스(Ireneaus, 2세기 중엽), 터툴리안(Tertullianus, 약 155-230), 시프리안(Cyprian, 약 200-258) 등에서도 찾아볼 수 있다. 헤르마스는 세례는 교회의 기초라고 했고 저스틴은 세례의 일회성을 주장하며 이를 통해 중생을 얻는다고 했다. 또 터툴리안은 세례를 통해 영생을 얻는다고 했다. 그 당시 교리가 확립되지 못하여 이교도와 이단들에 대응해야 할 시대적 상황에서 시프리안은 교회 제도와 교권을 확립하

---

[1] 물은 때를 씻는 중요한 수단이며 죄를 씻는 수단으로 유비시키고 있기 때문이다. 또 물에 빠져 죽을 뻔한 경험을 한 사람은 물속의 혼돈과 흑암, 무질서를 순간 체험한다. 이 두려움에서 벗어나 물 밖으로 나오면 죽음에서 다시 부활하여 지난 죄를 씻고 거듭난 새로운 삶을 갖게 된다는 의미도 있다. 한편 세례를 받는다는 것에는 물은 엄마 자궁의 양수에서 나와 출생한다는 의미도 있다. 공동체원들이 이와 동질의 목적을 갖고 동질의 체험의식을 하면서 일치감이 형성된다.

기 위해 교회 밖에는 구원이 없다고 주장하며 인간의 원죄 사상을 이유로 유아세례를 인정했으나 터툴리안은 이를 반대했다.[2]

전례적인 교회(정교회, 가톨릭, 성공회)에서는 성사(sacrament)를 7가지[3]로 규정하고 지키는 것에 비해 개신교회는 세례(Baptism)와 성만찬(Eucharist) 두 가지를 지킨다. 이 글은 세례와 성만찬에 관한 신학적 의미를 새삼 밝히려는 것은 아니다. 세례에 국한하여 예배 공간에서의 세례대[4]의 모양과 그 위치에 대한 신학적 의미에 관한 것이다. 개신교는 전례적인 교회들처럼 성찬상(Altar)이나 세례반(Baptismal Vessel)을 예배 공간의 특정한 자리에 고정적으로 설치하지 않는다.[5] 이것은 말씀 중심의 교회이기 때문에 복음 선포를 더 효과적으로 하기 위해 강단을 강조하기 위한 것일 수도 있다.

이 글은 전례적인 교회처럼 개신교회가 필요에 따라 이동하며 사용하고 있는 세례반을 예배 공간 안에 고정식 세례대로 설치하는 것이 바람직하다는 걸 주장하려는 것도 아니다. 또 세례반이 교회 건

---

[2] J. Joachim, *Infant Baptism in the First Four Centuries* (Eugene: Wipe & Stock Publishers, 2004) 참조.

[3] 칠성사는 세례(영세), 견진(견신), 성체, 고해(고백), 병자(조병), 성품(신품), 혼인(혼배)의 성사를 말한다.

[4] 여기에서 세례당(baptistry)은 본당과 독립된 세례 의식만을 진행하기 위한 건물을 의미하며 세례대(font)는 고정식 세례 용기를, 세례반(baptismal vessel)은 이동할 수 있는 간편한 세례 용기를 의미하는 것으로 구분하여 사용하려고 한다.

[5] 정교회와 침례교의 세례 의식은 침수를 하기 때문에 예배 공간에 욕조와 같은 세례당을 설치하거나 강가에 가서 세례 의식을 거행하기도 한다. 그러나 대부분의 개신교회는 세례 의식이 있을 때 세례 성구(세례반)를 이동하여 사용하고, 사용한 후에는 다시 적당한 곳에 보관하기 때문에 예배 공간에서 항상 보이지는 않는다.

축 양식이나 그 내부 공간과 조화를 이루는 방법에 관한 내용은 다루지 않는다. 이 글은 가톨릭과 성공회와 같은 전례 중심의 교회 공간 안에 고정식으로 구축된 세례대의 위치에 따른 예배 공간의 변화와 그 신학적 의미를 살펴보려는 것이 주된 내용이지만, 손쉽게 이동할 수 있는 세례반을 통해 예배 공간과 예배에 다양한 변화를 주는 데 도움이 될 수 있기를 기대한다.[6] 이동할 수 있는 세례반은 고정식 세례대보다 상황에 따라 다양하게 그 위치 변화를 할 수 있는 이점이 있으며 또 교회 공동체는 세례반의 형태와 재질, 그리고 예배 공간 안에서 세례 의식 집례 위치의 변화에 따른 시각적인 이미지를 통해 세례에 관하여 다양한 신앙적(영적), 교육적인 체험을 함양할 수 있을 것으로 기대한다. 세례는 공동체 의식이며 사회를 향한 선교다. 교회 공동체가 빛과 소금이듯이, 교회는 그 자체로서 사회 안에서 세례반으로서의 소명을 받은 것이다.

---

[6] 최근 예전 가구의 신학적 이해라는 연구 서적(7인 공동)이 발간되었다. 박종환 외 6인, 『거룩한 상징: 예전 가구의 신학적인 이해』(서울: 대한기독교서회, 2009). 이 책에는 성찬상에 관한 논문은 있는데 세례와 세례반에 관한 연구가 없는 점이 아쉽다.

II. 세례대의 형태

1. 무덤과 자궁 이미지

무덤 이미지는 세례당의 가장 기본적인 상징 형태인데 이것은 신입자나 개종자가 처음 교회에 입교할 때 하나님의 명에 따라 아브람이 고향과 아비 집을 뒤로 하고 떠나왔듯이, 그때까지 살아온 세속적인 삶을 뒤로 하고 그리스도와 함께 무덤에 묻히는 것과, 죄의 상태에서 해방되어 무덤을 열고 그리스도와 함께 부활하는 것을 의미한다.[7] 10세기경에 세례대가 교회 공간 안으로 들어와 원형이나 직사각형의 욕조나 물탱크와 같은 형태로 변화하기 전까지 세례당은 예배당과 독립된, 무덤과 같은 형태를 취했다.[8] 교회는 세례 의식을 통해 불신자나 개종자를 교회 공동체의 일원으로 받아들이고, 이들을 그리스도를 따르는 새로운 삶으로 인도하기 위해 교회 본당과 분리된 무덤과 같은 형태의 원형 세례당을 세웠다. 이 독립된 세례당은 교회 본당과 떨어져 있는 세례 받을 적당한 강으로서 요단강과 같은 의미뿐만 아니라, 건물 이미지가 무덤의 의미를 지니고 있었다. 그리고 세례당 안에는 몸을 침수시켜 세례를 베풀 수 있는 욕조

---

[7] 로마서 6:3-8: "세례를 받고 그리스도 예수와 하나된 우리는 이미 예수와 함께 죽었다는 것을 모르십니까? 과연 우리는 세례를 받고 죽어서 그 분과 함께 묻혔습니다. …… 우리가 그리스도와 함께 죽었으니 또한 그리스도와 함께 살리라고 믿습니다."

[8] Peter and Linda Murray, *The Oxford Companion to Christian Art and Architecture* (Oxford: Oxford University Press, 1998), 184.

와 유사한 물탱크를 설치했다. 1599년 밀란의 대주교(Archbishop of Milan)였던 보로메오(S. Carlo Boromeo)는 예배당에서 독립된 세례당은 아니지만 예배 공간 안의 일정한 장소에 문이나 레일을 달아 예배 공간과 분리시켜서 사람이 침수할 수 있고, 그 주변에 사람들이 둘러서 있을 수 있는 적당한 공간을 확보한 세례대 공간을 제안하기도 했다.[9] 그러나 독립된 세례당은 사람들이 다시 예배 처소로 되돌아오는 데 불편함이 있었음에도 불구하고 세례 의식을 더 엄숙하게 진행할 수 있다는 장점이 있었다.

예수의 세례 의식은 현대와 같은 예배 공간의 세례대(세례반) 앞에서 이루어진 것은 아니다. 강에 직접 가서 세례 의식을 거행하지 않는 한, 예수가 세례를 받은 요단강과 같은 이미지를 교회 공간 안으로 유입한다는 것은 쉽지 않다. 침례교는 직접 강에 가서 세례 의식을 거행하고 동방정교회는 예배 공간 안에 욕조와 같은 형태를 구축하고 그 안에 적당한 깊이의 물을 채워[10] 그 안에서 세례 의식을 집전한다. 가톨릭교회와 성공회는 세례대를 예배 공간 안에 설치하고 있는데 대부분의 개신교회는 일정한 위치에 고정시킨 세례대는 설치하지 않고 필요에 따라 세례반을 이동하여 사용한다.

"새로 나지 아니하면 아무도 하나님의 나라를 볼 수 없다"는 예수의 말에 니고데모는 다 자란 사람이 어떻게 다시 태어날 수 있겠느

---

[9] *Ibid.*, 184.
[10] 주의를 기울이면 어린아이가 위험하지 않을 정도인 성인 무릎 정도 깊이의 물을 채운다.

냐고 반문한다. 이 질문에 대하여 예수는 '물과 성령'으로 다시 태어나라(요한 3:3-5)고 답한다. 교회 공간 안에 구축할 수 있는 가장 적절한 세례대의 이미지로는 사람이 태어나는 어머니의 자궁과 같은 이미지를 상정해볼 수 있다. 융(C. G. Jung)에 따르면 물은 공허, 죽음, 침묵, 고독과 같은 인간의 무의식의 원초적 이미지와 관련이 있다.[11] 태아는 물 같은 양수로 가득 찬 자궁 안에서 십여 개월을 살다가 세상에 태어난다. 성서는 그리스도 안에서 다시 태어나는 방법을 제시하고 교회는 그것에 따라 의식을 행한다. 세례 의식 때 삼위일체의 이름으로 간구하는 구문은 같아도 세례 의식을 하는 매체로서의 물을 어디에서 어떤 방식으로 사용하는가는 교파마다 다르다. 성서의 기록에 따라 예수가 요단강에서 세례를 받은 것처럼 사막이나 산악지대와 같이 물이 없는 척박한 환경과 또 시대와 장소에 관계없이 오염된 도시의 정화되지 않는 강에서 세례 의식을 행하는 것이 적절한 방법일 수는 없다.[12] 북유럽의 추운 지방에서 세례 의식을 행할 때 몸을 침수하는 게 어려워 물을 뿌리는 것으로 대체하면서 세례반이 작아지기 시작했다는 설이 있다.[13] 이동할 수 있는 작은 세례반은 종교개혁 이후 오늘날까지 개신교회에서 주로 사용하고 있다.

---

[11] Carl G. Jung, *The Integration of the Personality* (New York and Toronto: Farrar & Rinehart, Inc., 1939), 66-68.

[12] 세례 의식은 물이 없는 경우와 건강상 위험하다고 판단되는 경우를 제외하고 세례를 받을 사람들은 남녀노소 구분 없이 모두 몸을 완전히 침수해야 했다. 머리에 물을 붓는 방법은 침수할 수 없는 특별한 경우에만 허용되던 방법이었는데 침수는 원할 경우에만 행하게 되었다.

[13] 주인돈, 『온몸으로 드리는 예배』(서울: 푸른솔, 2011), 65.

2. 원형, 사각형, 육각형, 팔각형

고대부터 원형은 무한과 순환(윤회), 중생, 영생, 부활 그리고 하나 됨을 상징했다. 한편 물이 솟는 샘을 원으로 기호화하기도 했으며 동굴과 자궁도 원형으로 표현했다. 전통적인 도상학(圖像學)에서는 사각형은 땅을 의미했고 6은 유대교에서 여섯 번째 날을 안식일로 지키는 것에서 비롯되었으며 숫자 8은 초대 기독교 시대부터 7 다음에 오는 완전 수, 부활의 수를 의미했다. 기독교에서 세례대를 위에서 열거한 여러 형태로 제작하는 것은 이러한 상징적 전통에서 비롯된 것이다. 이 중에서도 죽음과 영생, 거듭남과 부활을 표현하기에 가장 적절한 형태는 원형과 팔각형이었다.

세례를 받기 위해 세례대 앞으로 나온다는 것은 불신자로서의 과거의 삶, 이교적 삶과의 단절을 뜻하며, 성령 안에서 그리스도와 함께 새로운 성도들과의 교제라는 상징적인 의미를 수용하는 의지를 나타낸다.[14] 이것은 새로운 삶으로의 전환으로, 그리스도 안에서 구원이고 부활이며 영생의 징표인 것이다.

교회에서 최초의 세례당은 4세기 초 로마에서 8각형의 기본 구조를 갖고 축조되었는데 지금은 그 원형을 볼 수 없는 라테란 바실리카에 부속된 산 조바니 세례당(Basilica San Giovanni in Laterano, 4세

---

[14] F. W. Dillistone, *Christianity and Symbolism* (Philadelphia : The Westminster Press, 1955), 202-03.

기 초)이다. 이것을 5세기 교황 식스투스(Sixtus, 440년경) 3세가 재건한 형태를 보면 중앙에 물을 담는 수반(우물)이 있고 8개의 원주가 중앙 돔(dome)을 받치고 있는 형태다.[15] 세례반의 외형은 사각형일지라도 물을 담는 형태는 팔각이나 원형, 혹은 육각형으로 만든다. 한편, 모든 교회가 세례당과 세례대를 비치하지 못했는데, 대체로 마을에서 가장 큰 교회와 몇몇 수도원만이 비치하고 있었다. 주교가 있는 대성당이나 대수도원은 비용을 받고 교회에 세례당이나 세례대를 대여해주었으며 몇몇 수도원은 세례 의식 비용을 요구하기도 했다.[16] 이것은 그 당시 세례당이나 세례대가 있어야만 행할 수 있는 세례 의식을 대성당이나 대수도원이 지역 교회를 치리하는 하나의 수단으로 이용하였다는 것을 의미한다.

3. 규모와 재료, 장식

초대교회의 세례대는 순수한 돌로 아무 장식이 없이 제작하였는데 7-8세기 로마네스크(Romanesque) 시대에 들어서면서 용, 그리핀(Griffin),[17] 날개 달린 사자[18]와 같은 다양한 상상의 동물들을 세

---

[15] 박성은, 『기독교 미술사: 중세 시대의 건축, 조각, 회화』(서울: 대한기독교서회, 2008), 43-44.
[16] Peter and Linda Murray, *The Oxford Companion to Christian Art and Architecture*, 184.
[17] 머리와 앞발, 날개는 독수리이고 몸통과 뒷발은 사자인 상상의 동물로 영원성과 조심성 두 양면을 지닌 상징물이다.

례대에 조각하기 시작했다. 이러한 동물들은 사탄의 사주를 받은 것들로서 세례 의식(성사)을 통해 물리칠 수 있다는 믿음의 표식이었다. 12세기에 와서 영국교회에서는 청동과 철로 제작한 세례대를 사용했는데, 특히 청동은 부조가 용이하여 다양한 상징물과 내용들로 장식할 수 있었다.[19] 13세기에 들어서면서 세례반의 형태는 점차 정형화되기 시작했는데 팔각형 세례대 위에 뚜껑을 덮고 성서에 있는 내용과 문장(紋章)으로 각인하기도 했다. 세례대에 뚜껑을 씌운 것은 마녀들이 성수(聖水)를 훔쳐가거나 더럽히지 않도록 하기 위함이었다고 하는데, 13-14세기에 와서 뚜껑 위에 나무로 탑을 조각하여 설치해 점점 무거워지기 시작했다. 종교개혁 이후, 중세 가톨릭교회의 전례를 따랐던 런던의 성 바울(St. Paul) 성공회 성당을 제외한 대다수의 영국교회와 개혁교회들은 세례대를 제대 옆, 혹은 설교대 가까이에 설치하였다. 이후 전례 의식이 점차 쇠퇴하게 됨에 따라 가볍고 단순한 세례반이 유행하면서 교회가 세례반의 위치를 중시하지 않게 되었다. 이에 따른 대응으로 18-19세기에 와서 옥스퍼드 대학의 신학교수들을 중심으로 영국교회의 전례를 종교개혁 이전의 가

---

[18] 선과 악의 싸움에서 선이 승리하는 것의 상징으로 미카엘 대천사가 사탄을 지옥에 쳐넣은 장면이 새겨졌고, 사자는 베드로전서 5장 8절의 "정신을 바짝 차리고 깨어 있으십시오. 여러분의 원수인 악마가 으르렁대는 사자처럼 먹이를 찾아 돌아다닙니다"라는 내용에서 비롯된 것이다.

[19] 1220년에 제작된 힐데세임(Hildesheim) 대성당에 있는 큰 솥과 같은 형태의 세례대에는 세례를 받는 예수가 그 중앙에 있고 천국의 네 강을 의미하는 네 사람이 무릎을 꿇고 있는 장면이 부조되어 있다. Peter and Linda Murray, *The Oxford Companion to Christian Art and Architecture*, 185.

톨릭교회 전례로 복구하려는 옥스퍼드 운동(Oxford Movement)[20]이 일어났다. 이들과 캠브리지 대학의 건축학 교수들이 전개했던 고딕 부흥 운동(Gothic Revival Movement)과 연합운동에 의해 세례대는 중세 가톨릭 교회 전통에 따라 다시 서쪽 교회 입구에 놓이게 되었다.[21]

세례 의식은 그리스도 안에서 죽음과 부활에 참여하는 상징이며 세례대를 설치할 때는 물이라는 물성, 씻음과 침수된 순간의 혼돈의 의미를 충분히 드러내도록 하는 것이다.[22] 욕조와 같은 형태의 고정식 세례반이라면 온 몸을 침수하기에 쉽고 편하도록 충분히 큰 것이 좋으나 특히 어린아이가 안전하게 침수할 수 있도록 만들어야 하는데,[23] 이때 물의 깊이는 성인의 무릎이 닿을 만큼이 적당하다.

세례반의 재료는 형태에 관계없이 고정식인 경우에는 대체로 석재를 사용해왔다. 석재는 천연재료로서 견고하고 방수가 잘되며 돌

---

[20] 1830년경 옥스퍼드 대학 교수였던 존 키블(John Keble, 1792-1866)을 중심으로 일어난 신앙 쇄신 운동이다. 교회의 본질, 초대교회와 교부들(신학과 예배)에 대한 연구를 통해 가톨릭교회(보편교회)로서의 영국교회를 확립하려고 했다. 이것은 전 세계 많은 성공회의 예전적인 틀을 형성하는 데 큰 영향을 주었다. 이때 캠브리지 대학의 건축학회 였던 캄덴 학회(Camden Society)와 함께 중세 가톨릭교회의 전례를 담는 그릇으로서 고딕양식을 재생하는 고딕 부흥 운동을 전개했다. 이 시대를 낭만주의 시대라고 하는데 이때 이들과 같이 활동했던 미술가들을 라파엘 전파(Pre-Raphaelite)라고 부른다. Gary Wihl, *Ruskin and the Rhetoric of Infallibility* (New Haven: Yale University Press, 1985), 161.

[21] Peter and Linda Murray, *op. cit.*, 185.

[22] David McNorgan, *Preparing the Environment for Worship* (Collegeville: The Liturgical Press, 1997), 25.

[23] National Conference of Catholic Bishops, Bishops' Committee on the Liturgy, *Environment and Art in Catholic Worship* (Chicago: Liturgy Training Publications, 1993), Ch. 5, No. 6.

다양한 세례반의 모습. 성 비탈레 성당, 캔터베리대 성당, 성공회 강화교회, 성공회 서울대성당, 성 니콜라이
교회(위에서 왼쪽부터)

외부에 적절한 성서 구절이나 세례와 관련된 성서 내용을 표현한 그림이나 상징을 각인하기에 좋고, 수명이 다른 재료에 비해 영구적이다. 단순히 세례대로서의 기능을 넘어 특별히 교회 예술작품으로서 제작할 경우에는 돌과 나무, 유리 등 여러 재료를 적절하게 혼재하여 제작할 수도 있으며, 이런 작품은 값이 비싸지만 이를 보는 이들에게 미적으로 영적으로 큰 감흥을 불러일으킬 수 있다. 각 재료마다 고유한 특성과 색깔, 질감이 있기 때문에 교회 내부 공간의 형태와 그리고 다른 성가구들과 균형과 조화를 이룰 수 있는 재료를 선택하여 제작하는 것이 좋다. 가급적 가공된 플라스틱이나 인조석, 나무 느낌이 나는 시멘트와 같은 재질은 피하는 것이 좋다. 교회는 재료의 선택에서부터 순수하고 정직해야 한다. 특히 재료에서 오는 천한 느낌은 예배와 의식의 진행이 좋아도 그 가치를 천하게 할 수 있기 때문이다. 개신교회처럼 이동식 세례반의 경우 흙으로 빚은 질그릇은 좋지만 취급이 용이하지 않은 단점이 있다. 청동은 견고하고 색이나 질감에서 오는 장점이 있으나 무겁고 세척이 불편하다. 세례대는 교회 건축과 다른 성 가구들과 조화를 이루되 특히 위엄과 아름다움을 동시에 드러낼 수 있는 재료와 장식이어야 한다.

III. 세례대의 위치

세례 의식은 교회의 성사이기 때문에 교회에서 한다. 죽음을 앞둔

응급 환자, 혹은 목회자의 판단에 의해 긴급히 세례를 줘야 할 환자는 병원에서 의식을 진행할 수 있지만 이런 경우를 제외하고는 개인 가정집에서 세례 의식을 행하지는 않는다. 2010년 국내 모 인사가 고인이 된 저명한 목사로부터 일본의 한 호텔에서 세례를 받은 사건이 있었으나 개신교계는 이 문제에 대하여 침묵하였다.

세례대를 어디에 위치시키든지 간에 집례자를 포함한 세례 증인과 대부모들이 함께 그 주변에 모일 수 있을 만큼의 세례 공간을 확보해야 한다. 또 회중석에 있는 교인들이 세례 의식이 진행되는 동안 그곳을 바라보고 예식문의 소리를 듣는 데 방해받지 않도록 해야 한다. 세례 의식은 은밀한 곳에서 진행되는 것이 아니다. 모든 교회 공동체가 세례 의식에 직간접으로 참여함으로써 세례 받는 사람의 증인이 되고 세례를 받는 사람이 교회 공동체의 일원이 됨을 축하해 주는 것이다. 이 의식은 특별히 교회 공동체가 능동적으로 참여하는 교회의 공공적 의식이기 때문이다.[24] 교회 공동체는 궁극적으로 그리스도 안에서 죽고 부활하는 신앙으로 모이며 그 삶은 무덤과 자궁을 상징하는 세례대로 표현할 수 있는 것이기 때문에[25] 예배 공간 안에서 세례대의 위치는 대단히 중요한 것이다. 한편 세례대를 분수대로 활용하여 언제나 생명수가 교회 경내로 흘러내리는 것을 신앙 공

[24] James E. White & Susan J. White, *Church Architecture: Building and Renovating for Christian Worship* (Akron: OSL Publications, 1998), 56–57.
[25] Mark G. Boyer, *The Liturgical Environment: What the Documents Say?* (Collegeville: The Lituggical Press, 1990), 108.

동체와 주민들도 함께 볼 수 있도록 물길을 계단식으로 조성할 수 있다. 물은 초대교회 때부터 기독교의 여러 상징들 중에 가장 중요한 물질이었으며 이것을 보는 즐거움도 크다.[26] 작은 규모로 예배 공간 안에 설치할 수도 있으나 규모에 따라 이러한 분수대와 같은 세례대의 설치와 그 유지 비용은 차이가 난다. 이것은 교회 건축을 할 때부터 교회 경내의 조경 계획과 함께 진행되어야 한다.

1. 회중석 끝, 출입구

동방교회의 고정된 욕조식 세례대는 회중석에서 볼 때 지성소 아래 왼쪽 회중석에 위치하며, 서방 라틴교회의 석재로 제작된 세례대는 대체로 전통적인 전례 공간 배치에 따라 예배당 내부 공간에서 출입문에 가까운 중앙에 배치한다. 세례는 교인이 되는 입교예식이며 초대교회 당시에는 세례를 받지 않은 자는 신앙 공동체의 일원이 아니기 때문에 교회 규칙에 의해 예배 공간에 들어와 공동 예배에 참여할 수 없었다.[27] 교회는 세례를 공동체 일원으로 받아들이는 의식이며 교회 공간에 출입하는 첫 단계로 여겼기 때문에 세례대를 출

---

[26] 호주 멜버른에 있는 가톨릭 성 패트릭 성당(19세기 중엽, 네오고딕 양식)은 교회 경내부터 본당에 이르는 계단식 길을 '순례자의 길'이라 명하고 위에서 분수로 생명수를 흘려보내고 있다. 처음부터 이 분수를 세례대로 사용하지는 않는다.

[27] 이것은 초대교회 당시 박해와 교리가 정립되지 못한 상황에서 이교도나 비신자가 교회 안에 자유롭게 출입함으로써 교회 질서를 문란하게 하거나 첩자 역할을 하는 것을 경계하기 위한 제도적 장치였을 것으로 보인다.

입구 가까운 곳에 비치하였다. 기존 교인들은 신입자가 세례를 받을 때 세례반이 있는 뒤쪽을 향해 참관하며 자신이 세례를 받았던 초심을 잃지 않도록 세례 갱신 서약을 했는데 이 전통은 지금까지 내려오고 있다.

전통적으로 서쪽에 위치한 회중석 끝자락에서 세례를 받고 동쪽에 있는 제대(지성소)를 향해 이동하는 중앙 통로를 '구원의 통로'로 상징하였다. 위에서 밝혔듯이 예배를 포함한 교회의 모든 의식과 행사에 참여하는 첫 걸음은 언제나 세례에서부터 출발했으며 세례는 구원을 향해 가는 첫 단계였다. 세례대를 이러한 위치에 배치했을 경우 교회의 전통에 따르고 교회의 권위를 지켜갈 수 있는 점은 있다. 그러나 공동체 모두가 세례 의식이 진행되는 동안 그 주변에 모이기도 어렵거니와 회중석에서 뒤를 돌아 서서 참관하기도 불편하다. 그럼에도 불구하고 지성소가 구원을 받는 삶의 징표라면 세례대는 이제 기독교인이 되어 새 삶을 시작하는 표지이다.[28] 세례대가 위치한 입구에서 출발하여 구원의 통로인 중앙 회랑을 지나 제단이 있는 구원에 다다르는 것이다.[29] 중세에는 대성당과 같은 교회는 세례를 주는 장소를 교회 본당과 독립된 건물을 구축하여 세례를 주기도 했는데 이것이 무덤 형태의 세례당이다. 그러나 최근 세례반의 재료가 가벼워짐에 따라 이동이 용이해졌으며 상황에 따라 고정식 세례

---

[28] Richard H. Ritter, *The Arts of the Church* (Boston: The Pilgrim Press, 1947), 56.
[29] 아프리카 교회는 회중석 끝, 입구에 있는 세례대 안에 세례 의식이 없는 때는 물 대신 AIDS 예방을 위한 콘돔을 비치하여 예배 후 교인들이 가져갈 수 있도록 하는 경우도 있다.

반의 위치를 변경하는 경우가 있다. 개신교회에서 주로 사용하는 크기가 작은 이동할 수 있는 세례반은 세례 의식을 행하는 위치에 따라 그 신학적 의미가 달라진다.

2. 회중석 중간, 지성소 근처

세례대를 회중석 중간이나 제단(지성소) 가까운 앞쪽에 배치하는 경우다. 이러한 배치는 모든 교인들이 세례 의식이 진행되는 동안뿐만 아니라 상시에도 세례대를 예배 중에 바라볼 수 있기 때문에 설교 중에도, 성찬 예식이 진행되는 중에도, 홀로 기도하는 중에도 시각적으로 세례대에 집중할 수 있다. 어느 경우에도 이 위치에 있는 세례대는 시각적인 복음 선포가 될 수 있으며 처음 세례를 받을 당시를 기억하고 기념할 수 있게 한다는 이점이 있다.[30] 그러나 이 세례대의 규모가 교회 공간과 그 안에 비치된 다른 성가구들과 균형을 이루지 못한 채, 크고 화려해 오히려 시각적으로 장애가 되어 설교와 성찬 예식에 도움을 주지 못한다면 어느 위치에 놓일지라도 바람직하지 않다. 특히 중앙 통로에 비치하게 될 경우 집전자들과 교인들이 중앙 통로를 순행하는 데 불편을 줄 수 있다. 그러나 세례대가 지나치게 제단 가까이 있지 않다면 세례대와 제단, 이 둘은 서로 긴장하지 않으며 특히 구원을 향한 삶을 막 시작하는 세례를 받은

---

[30] James E. White & Susan J. White, *op. cit.*, 57-58.

초신자에게 구원이 가까이 있음을 시각적으로 보여주게 됨으로써 심리적으로 영적으로 안정감을 줄 수 있다.

3. 예복실 옆, 익랑(翼廊)

집전자들이 제의를 갈아입는 예복실 옆에 세례대를 두는 것은 신학적인 의미보다는 침수를 통해 세례 의식을 하는 전례일 경우, 집전자들이 물에 젖은 복식을 갈아입기에 편한 위치를 택한 것이다. 그러나 예복실을 지성소(제단) 옆에 설치했을 경우에 세례대를 근처에 비치하는 것은 시각적으로도 바람직하지 않다. 오히려 세례대 옆에 예복실을 마련하는 것이 좋다. 그러나 공간이 충분하지 못한 상황에서 세례대를 무리하게 배치하면 교회 공동체가 세례 의식에 다함께 참여하고 바라보기 어려운 곳에 위치하게 될 수도 있다.

한편 익랑이 있는 교회 건물이라면 회중석에서는 잘 보이지 않으나 익랑의 공간을 확보하게 됨으로써 세례 의식을 진행하는 데 다수가 참여할 수 있는 이점이 있다. 특히 순례자들을 위해 통로가 발달한 로마네스크 양식의 건물에서는 세례대 자체가 부적과 같은 기능을 하는 시대였기 때문에, 세례대를 익랑에 배치함으로써 순례자들을 분산시킬 수 있는 이점이 있었다. 그러나 현대 교회 건축은 익랑을 구축하지도 않을뿐더러 익랑이 있다고 할지라도 그곳에 세례대를 배치하는 것은 시각적으로, 신학적으로 바람직하지 않다.

4. 장애우를 위한 배치

교회 건물은 다른 건물보다 장애우가 사용하는 데 불편함이 없도록 설비를 해야 한다. 고정식 세례대보다 상황에 따라 이동할 수 있는 세례반은 이 점에서 유리하다고 할 수 있다. 장애우를 위한 시설 구비와 위치 선정은 비단 세례대의 배치뿐만 아니라 모든 출입문과 성가구를 포함한 제반 시설물에 해당한다. 시각장애인이 세례대와 그 안의 물을 만지고 감각할 수 있도록 해야 한다. 세례를 받을 장애우가 비록 소수라고 할지라도 이들이 불편함이 없는 적절한 곳에서 세례 의식이 진행되어야 한다. 적절한 장소를 물색하기 어려운 경우 장애우의 세례 의식은 찬양이 가까이에서 들리는 성가대석 옆이 어느 교회 공간보다도 더 큰 감동(은혜)이 있는 장소가 될 수 있다.

IV. 세례반

일정 정도 규모의 터를 구비한 시골 교회라면 그 경내에서 물자리를 찾아 교회 공동체 모두가 우물 파기[31]에 참여하는 것을 기획할 수 있다.[32] 비록 지하수를 개발하는 전문가와 기계에 의해 지하 물길을

---

[31] '우물'은 필자가 이 논문을 작성해 가며 갖게 된 생각이다. 비록 현실성이 결여 된다는 비평이 있을지라도 불가능한 것은 아니라고 생각한다.

찾아서 물을 지상으로 올린다고 할지라도, 지상에 우물을 설치하는 행사에는 교회 공동체원 모두를 참여하도록 한다. 그 우물은 혼돈의 어두운 지하에서 올라오는 생명수이며 일상에서 모든 교인들이 감각할 수 있는 맑은 물이다. 이 우물을 관리하는 것도 사역이기 때문에 현대식 수도 장치보다는[33] 오히려 과거에 손으로 퍼올리던 펌프와 같은 장치가 좋다. 세례 의식이 있을 때 세례 받을 준비를 하는 사람들이 자신들의 손으로 퍼올린 물을 담아 사용하는 것에 의미가 있다. 이것은 세례 받기를 원하는 사람의 자유의지의 표시이고또 세례 받을 준비를 하는 여러 과정 중의 하나이며, 모두 우물가에 모여 세례 의식에 참여하는 것이다. 세월이 흐르고 신자들의 이주로 인해 우물을 설치했던 교회 구성원들의 변화가 있을지라도, 그 후대는 지속해서 그 우물을 만든 신앙 공동체의 수고와 그리스도의 사역을 기념할 수 있는 것이다. 교회를 출입할 때마다 교회 마당의 우물을 보며 세례와 생명수를 상기할 수 있다. 그 우물에 적절한 상징을 부조하거나 주변에 기념비를 세움으로써 신앙의 구심표로 삼을 수 있다. 이것은 초대교회 건축에서 교회 본당과 독립하여 세운 세례당과, 교회 예배 공간에 고정으로 위치한 세례대, 이 둘 모두의 의미를 포함할 수 있다.

---

[32] 위 글을 쓴 직후, 군산 근처 서수면 금암리에 소재했던 나사렛 성결교회가 1997-98년 즈음 이와 유사한 세례 시설을 설치한 적이 있었다는 이야기를 들었다. 무슨 이유인지 지금은 폐쇄되었다고 한다.

[33] 터가 좁고 또 수질 오염으로 인해 지하수를 개발하기 어려운 도시지역 교회라면 수도 설비를 통해 또 다른 방법으로 이와 유사한 세례 시설을 구축할 수 있을 것이다.

간단하고 작은 이동식 세례반을 사용할 때는 전례 중심의 교회 예식과 비교하여 집전자의 예복이나 몸짓은 더 품위(dignity)가 돋보여야 한다. 전례 중심 교회는 전통적으로 정형화되어 내려온 의식과 복식을 이용하기에 그 자체로 역사적 품위가 느껴지기 때문이다. 개신교회에서 주로 사용하고 있는 세례반의 재질은 도자기이거나 금도금, 혹은 은도금을 한 금속 재질이 대부분이나 제기(祭器)와 같은 목기를 사용하기도 한다.[34] 형태는 스포츠 경기 우승컵과 전례교회에서 사용하는 성만찬 용기와 유사하다. 기성의 세례반에 익숙하게 되면서 교회는 세례반의 크기와 재질, 형태 모두를 중요하지 않게 인식하게 되었다.

또 특별히 관심을 갖고 구축해야 할 것은 음향이다. 이탈리아 피사(Pisa) 성당의 세례당(1153. 로마네스크 양식)의 음향은 850년 전에 건축된 것임에도 집전자의 음성이 천상에서 내려오는 것 같은 울림통으로 구축되었음을 상기해볼 필요가 있다. 한정된 교회 공간 안에서 세례 의식이 진행되는 그 공간만 특별 음향을 설치할 수는 없을지라도 성가대석 주변에서 의식을 진행하거나 혹은 세례 의식과 같은 중요한 교회 의식을 위한 특별한 음향 시스템을 설비하는 것은 현대 음향 기술로 어려운 게 아니다. 예배를 말씀 선포에 중심을 두고 있는 개신교회는 더 효과적인 말씀 전달을 위한 음향 설비는 설

---

[34] 교회 성가구에 관한 글은 이정구, 『교회 그림자 읽기』(서울: 다산글방, 2011), 131-45를 참조할 수 있다.

치하면서 의식에 사용할 음향 설비 설치를 소홀이 해서는 안 된다. 시각보다는 청각에 더 의존하는 예배 구성일수록 각 의식에 적절한 음향 시스템을 구비하는 것이 바람직하다. 그러나 특별한 형태의 공간에서는 울림과 소리의 난반사 현상으로 인해 음향이 좋지 않을 수 있음을 유념해야 한다.[35]

　최근 현대의 시대적 문화 코드에 접목한 열린 예배, 구도자 예배, 멀티미디어 예배, 하이테크 예배와 같은 탈전통, 탈예전, 탈형식을 취하고 있는 다양한 개신교 예배[36] 안에 세례 의식과 같은 전통적인 예전을 이런 예배 형식에 적합하도록 변형하여 창출할 것인지는 과제가 되고 있다. 예배 형식은 현대적인데 예전은 변화하지 못한 채 고답적이라면 온전한 예배가 될 수 없다. 예전과 의식은 종교적 상상력을 고양하며 교육적인 측면에서도 좋은 매체다.[37] 최근 개신교 안에서 급격히 출현하고 있는 다양한 현대 예배에 대응하여 상징을 회복하려는 예전 복고운동도 일어나고 있다. 전통이 교회를 지켜왔다는 주장이 있듯이 예배, 예전의 본래적인 의미를 상실해서는 안 된다. 특히 개신교회가 그동안 말씀 중심에 관심하여 소홀히 다루어왔던 예전 분야에 대한 보강과 개혁은 예전의 본질이 변질되지 않게 하기 위해서라도 필요하다.[38]

---

[35] James E. White & Susan J. White, op. cit., 97.
[36] 정정미, "예배 갱신에 대한 교육적 견해", 「기독교교육 논총」 26 (2011), 377.
[37] Ibid., 377-78.

V. 맺는 말

전례 중심의 교회라면 교회에 들어서면서 제일 먼저 만나게 되는 것이 세례대다. 이것은 기독교인들의 자궁에서 무덤에 이르는 삶의 여정의 은유이다. 이것은 세례당, 세례대, 세례반의 형태로 교파와 교단에 따라 변형되어왔다. 한 걸음 나아가 교회 공간에 조화로운 세례대의 크기와 형태, 재질도 중요하지만 세례대 안으로 물이 흐르도록 설비를 한다면 그 물은 바로 생명수의 상징이 된다. 이 상징의 물은 이를 바라보는 교회 공동체가 지향해야 할 삶의 리듬과 교회의 사역이 그리스도의 삶과 일치해야 할 것을 상기하는 미적, 영적 수단이 되기도 한다. 한편 세례대가 위치한 장소는 위안과 용서와 치유를 경험할 수 있는 특별한 영적 장소가 될 수 있다.[39] 한 예배 공간 안에서 각각의 선교적 기능이 있는 제대와 설교대와 긴장관계에 있지만 함께 공존하면서 예배와 전례를 완성한다.

대부분의 개신교회는 세례 의식이 있을 때에만 세례반을 이동하여 적절한 곳에서 세례 의식을 진행하고 있으며, 또 그 크기가 작기 때문에 모든 신앙 공동체에게 전례 중심의 교회가 구비한 고정된 세례대만큼 시각적인 효과는 주지 못한다. 그렇다고 이동식 세례반을 사용하는 것이 세례와 그 의식이 주는 신학적 은유와 상징적인 의미

---

[38] 전창희, "예전적 설교: 말씀에 대한 예전적 접근", 「신학과 실천」 26 (2011), 159-160.

[39] Richard S. Vosko, *Meeting House Essays: Designing Future Worship Spaces* (Chicago: Liturgy Training Publications, 1996), 50-51.

를 축소시킨다고는 할 수 없다. 이동하는 세례반을 통해 세례를 베풀 경우에는 그 장소가 교회 공간 안에서 어느 위치이든 간에 그곳은 특별한 영적 공간이 된다. 그러나 세례 의식을 어느 위치에서 하든지 세례에 대한 궁극적인 의미와 상징성은 변질되지 않는다. 중요한 것은 교회 신앙 공동체원들을 그 의식에 참여하도록 인도하고 그 의식을 통해 각자가 받았던 첫 세례의 은혜를 기억할 수 있도록 돕는 것이다. 세례반을 사용할지라도 그 안에 물을 담아 주기적으로 그 위치를 변경하여 비치함으로써 신자들이 그것을 보고 물을 만질 때 하나님께서 주신 이 생명의 물을 통해 영원한 생명에 이른다는 유카리스트를 경험하게 할 수도 있다.[40]

세례는 개인이 받는 것이지만 이것은 그리스도를 따르는 삶으로 이행해가는 것이고 또한 그 신앙 공동체 안으로 들어가는 공동체 의식이며, 사회를 향한 선교이다. 세례를 통한 삶의 방식은 공동체적인 문제를 담고 있다. 특히 세례 의식은 세례를 베푸는 지역 교회는 물론 교단을 포함한 다른 모든 기독교 공동체도 포함하고 있다.[41] 세례 받을 대상은 사회, 인종, 연령, 성별, 장애 구분이 있을 수 없다. 교회 공동체가 빛과 소금이듯이, 교회는 그 자체로서 사회 안에서 세례당이요 세례대이며 세례반이다. 사회 안에 교회가 있는 것은 그

---

[40] Richard Giles, *Re-Pitching the Tent: The Definitive Guide to Re-ordering Church Buildings for Worship and Mission* (Norwich: Canterbury Press, 2004), 171.
[41] 홍순원, "기독교윤리의 예배학적 기초: 세례와 성만찬을 중심으로", 「신학과 실천」 23 (2010), 93.

리스도의 선교를 위함이며, 사회를 그리스도와 연합하도록 인도하여 그의 삶을 따르도록 이끄는 것이다. 교회는 개인뿐만이 아니라 그 지역사회를 세례반으로 이끌어야 할 중요한 사회 선교의 소명을 받은 것이다.

| 참고문헌 |

1. 관상과 해몽

『미술세계』 86호, 1992. 2.

민족미술협의회. 『민족미술』 제4호, 1987. 7.

민중신학연구소. 『민중신학입문』. 한울, 1995.

서양미술사학회. 『글집』 제11집, 1999.

조혜정. "글읽기와 삶읽기", 『또 하나의 문화』, 1992.

조희연. 『한국의 민주주의와 사회운동』. 당대, 1998.

최열, 최태만 엮음. 『민중미술 15년 1980~1994』. 삶과 꿈, 1994.

한국신학연구소. 『신학사상』, 1993년, 겨울호, 83호.

로만 야콥슨. 권재일 역. 『일반 언어학 이론』. 민음사, 1989.

에케하르트 캐멀링. 『도상학과 도상해석학』. 이한순 외 역. 사계절, 1997.

프란츠 파농. 『대지에 저주받은 자들』. 광민사, 1979, 201.

헤르만 바우어. 『미술사학의 이해』. 홍진경 역. 시공사, 1998.

Adams, Laurie Schneider. *The Methodologies of Art*, Westview Press, 1996.

Bhabha, Homi. "Of Mimicry and Man: The Ambivalence of Colonial

Discourse", October 28, 1984.

JanMohamed, Abdul. "The Economy of Manichean Allegory", *Critical Inquiry* 12, 1985, The post-colonial studies reader, 18-23.

Pelikan, Jaroslav. *Jesus through the Centuries: His Place in the History of Culture*, Yale Univ. Press, 1985.

2. 3-5세기 그리스도 조상(彫像)과 불상 이미지

Baas, Jacquelynn. *Smile of the Buddha: Eastern Philosophy and Western Art*. University Califonia Press, 2005.

Eco, Umberto (ed.). *History of Beaut*. New York: Rizzoli, 2005.

Elsner, Jas. *Art and the Roman Viewer: The Transformation of Art from the Pagan World to Christianity*. Cambridge University Press, 1995.

Grabar, Andre. *Christian Iconography: A Study of it's Origins*. Princenton: Princenton University Press, 1980.

G. Wilkins, David., Schultz, Bernard. *Art Past Art Present*. New York: Harry N. Abrams, Inc., Publishers, 1990.

Honour, Hugh., Fleming, John. *A World History of Art*. London: Laurence King Publishing, 1995.

Langer, Susanne K. *Problems of Art: Ten philosophical Lestures*, New York : Charles Scribner's Sons, 1957.

Rowland Benjamin. *Art in East and West*. 최민 역. 『동서미술론』. 서울: 열화당, 1982

Seckel, Dietrich. *Kunst des Buddhismus*, 1962. 백승길 역. 『불교미술』. 서

울: 열화당, 1985

Thomas, Denis. *The Face of Christ*. New York: Doubleday & Company Inc., Garden City. 1979.

3. 8세기 성화상(聖畵像) 논쟁의 시대적 요인

김산춘. "이콘의 신학: 제1차 비잔틴 이코노클라즘을 중심으로", 미술사학연 구회. 『미술사학보』 제20집 (2003. 8), 5-6.

이장식. 『기독교신조사』 제1집. 서울: 컨콜디아사, 1979.

이정구. 『한국 교회 건축과 기독교 미술 탐사』. 서울: 동연, 2009.

_____. "성상 숭배논쟁에 관한 역사적 연구" (한신대학교 석사학위글), 1984.

임영방. "그리스도와 미술". 『사목』 제50호 (1977년 3월), 44-51.

진형준. 『성상파괴주의와 성상옹호주의』. 서울: 살림, 2003.

주재용. 『역사와 신학적 증언』. 서울: 대한기독교출판사, 1981.

최순택 역. "성상회화의 역사적 발전과 주제". 한독미술가협회 편. 『ICON』. 서울: 경미출판사, 1982.

Barasch, Moshe. *Icon: Studies in the History of an Idea*. New York: New York University, 1995.

Debray, Regis. *Vie et mort de I'mage*. 정진국 역. 『이미지의 삶과 죽음』. 서울: 시각과언어, 1994.

Deno, Geanakoplos. "Byzantium." *In Perspectives on the European Past: Conversation with Historians*. ed. by Norman F. Cantor. The Macmillan Co., 1971. 김인석 역. "비잔티움". 지동식 외 편역. 『서양사

신론』 제1권. 서울: 법문사, 1982.

Durand, Gilbert. *L'magination Symbolique*. 진형준 역. 『상징적 상상력』. 서울: 문학과지성사, 1983.

Fine, Steven. *Art & Judaism in the Greco-Roman World: toward a New Jewish Archology*. Cambridge University Press, 2005.

Gombrich, Ernst H. *The Story of Art*. New York: Phaidon Publishers Inc., 1971.

Grabar, Andre. *Christian Iconography: A study of Its Origins*. Princeton University Press, 1980.

Hauser, Arnod. *The Social History of Art*, Vol.1. London: Routledge & Kegan Paul, 1973.

Janson, H. W. *A History of Art*. New York: Harry N. Abrams, Inc.

Kitzinger, Ernst. *The Art of Byzantium and the Medieval West*. ed. by W. Eugene Kleinbauer. Bloomington: Indiana University Press, 1976.

Langer, Susanne K. *Problems of Art: Ten Philosophical Lectures*. New York: Charles Scribner's Sons, 1957.

Mick, Marianne H. *The Future Present: The Phenomenon of Christian Worship*. New York: The Seabury Press, 1970.

Read, Herbert. *Icon & Idea*. London: Faber and Faber Limited, 1955.

Schmemann, Alexander. *The Historical Road of Eastern Orthodoxy*. New York: Holt, Rinehart and Winston, 1963.

Skrobucha, Heinz, Edward, Rotmann & Kim He-il. 최순택 역. "성상회화 의역사적 발전과 주제". 한독미술가협회 편. 『ICON』. 서울: 경미출판사, 1982.

Walker, Williston. *A History of the Christian Church*. New York: Charles
  Scribner's Sons, 1959.

(Journal)

Brown, Peter. "Dark-Age crisis: aspects of the Iconoclastic controversy",
  The English Historical Review (1973).

Cook, John W. "Theology and the Arts: Sources and Resources." *The
  Theology Today* 34 (April, 1977), 45-51.

Cooper, David J. C. "The Theology of Image in Eastern Orthodoxy and
  John Calvin". *The Scottish Journal of Theology* 35, No. 3 (1982), 219-
  41.

Gero, Stephen. "Byzantine Iconoclasm and Monachomachy." *The
  Journal of Ecclesiastical History* 28 (July, 1977), 241-48.

Haddad, Robert M. "Iconoclasts and MU' AZILA: The Politics of
  Anthropomorphism." *The Orthodox Theological Review* 27 (Summer-
  Fall, 1982), 287-305.

Henry Patrick, "What was the Iconoclastic Controversy About?" *The
  Church History* 45 (March, 1976), 16-31.

Outler, Albert C. "The New Iconoclasm and the Integrity of the Faith."
  The Theology Today 25 (October, 1968), 295-319.

Zananiri, Gaston. *Histoire de L'glise Byzantine*. Paris: Nouvelles Edition
  Latines, 1954.

4. 성화상에 대한 종교개혁가들의 태도

다까하지히데지 감수. 유재길 옮김.『서양미술사』. 서울: 조형사, 1994.

박상봉. "요한 칼빈과 하인리히 볼링거의 성만찬 일치".『한국교회사학회지』
　　27 (2010. 11)

富山妙子. 이현강 옮김.『해방의 미학』. 서울: 한울, 1985.

이정구. "8세기 성화상 논쟁의 시대적 요인".『한국교회사학회지』 27 (2010.
　　11)

진형준.『성상파괴주의와 성상옹호주의』. 서울: 살림, 2005.

Barzun, Jacqes. *From Dawn to Decadence*. 이희재 옮김.『새벽에서 황혼
　　까지 1500-2000』1권. 서울: 민음사, 2006.

Besançon, Alain. Marie Todd, Jane. (trans.), *The Forbidden Image:
　　Intellectual History of Iconoclasm*. Chicago: The University of
　　Chicago Press, 2000.

Beltin, Hans. *Bild und Kult, Eine Geschichte des Bildes vor dem Zeitalter
　　der Kunst*. Muenchen: Verlag C. H. Beck, 1993.

Carl C. Cristensen. *Art and the Reformation in Germany*. Athens: Ohio
　　University Press, 1979.

Cooper, David J. C. "The Theology of Image in Eastern Orthodoxy and
　　John Calvin". *Scottish Journal of Theology* Vol. 35. No. 3.
　　Edinburgh: Scottish Academic Press, 1982.

Dillenberger, John. *A Theology of Artistic Sensibility: The Visual Art
　　and the Church*. London: SCM Press Ltd, 1987.

Encyclopaedia Britannica vol. 13. Chicago: The University of Chicago,
　　1970.

Freedberg, David. *The Power of Images: Studies the History and Theory of Response*. Chicago: The University of Chicago Press, 1991.

Harries, Karsten. *The Meaning of Modern Art*. 오병남 외 1인 역. 『현대미술: 그 철학적 의미』. 서울: 서광사, 1988.

Heussi, Karl. *Kompendium der Kirchengeschichte*. 손규태 옮김. 『칼 호이시의 세계교회사』. 서울: 한국신학연구소, 2004.

Huizinga, J. *The Waning of the Middle Ages: A Study of the Forms of Life, Thought and Art in France and Netherlands in the Dawn of the Renaissance*. New York: Doubleday Anchor Books, 1954 ed.

Janson, H.W. & D. J. 유홍준 옮김. 『회화의 역사』. 서울: 열화당, 1990.

Joinau, Benjamin. 신혜연 옮김. 『얼굴, 감출 수 없는 내면의 지도』. 파주: 21세기북스, 2011.

Julius, Anthony. *Idolatry, Iconoclasm and Jewish Art*. 박진아 옮김. 『미술과 우상: 우상숭배, 우상파괴, 유태인 미술』. 서울: 조형교육, 2003.

Kalokyris, Constantine D. Chamberas, P. A. (trans.). *The Essence of Orthodox Iconography*. Brookline, Mass.: Holy Cross School of Theology, 1971.

Koerner, Joseph. "The Icon as Iconoclash". Latour, Bruno and Weibel, Peter (eds.). *Iconoclash*. Cambridge: The MIT Press, 2002. 164-213.

Kung, Hans. *Das Christentum: Wesen und Geschichte*. 이종한 옮김, 『그리스도교: 본질과 역사』. 왜관: 분도출판사, 2002.

_____. *Luther's Works*. St. Louis, 1955.

Nauert, Jr., Charles N. *Humanism and the Culture of Renaissance Europe*. 진원숙 옮김. 『휴머니즘과 르네상스 유럽문화』. 서울: 혜안, 2003.

Pelikan, Jaroslav. *The Christian Tradition: A History of the Development of Doctrine Vol. 4: Reformation of Church and Dogma* (1300–1700). Chicago: The University of Chicago Press, 1984.

Peter and Linda Murray. *The Oxford Companion to Christian Art and Architecture: The Key to Western Art's Most Potent Symbolism.* Oxford: Oxford University Press, 1998.

Schaff, Philip. *History of the Christian Church: The German Reformation.* Vol. Ⅶ. Michigan: WM. B. Eerdmans Publishing Company, 1977.

Sennett, Richard. *Flesh and Stone.* 임동근 외 2인 옮김. 『살과 돌』. 서울: 문화과학사, 1999.

Tillich, Paul. Scharlemann, Robert P. (trans). "Systematic Theology", *On Art and Architecture.* New York: Crossroad, 1989.

van der Leeuw, Gerardus. Green, David E. (trans). *Sacred and Profane Beauty.* London: Weidenfeld and Nicolson, 1963.

Wall, Kevin. *A Classical Philosophy of Art.* 박갑성 역. 『예술철학』. 서울: 민음사, 1987.

Wilcox, Donald J. *In Search of God and Self: Renaissance and Reformation Thought.* Boston: Houghton Mifflin Company, 1975; 차하순 역. 『신과 자아를 찾아서』. 서울: 이화여자대학교 출판부, 1985.

Williams, Robert. *Art Theory: An Historical Introduction.* Chichester: Wiley-Blackwell, 2009.

5. 세속 권력의 신성화: 이미지의 조작과 남용

Abbate, Francesco (ed.). Swinglehurst, Pamela (trans.). 1972. *Christian Art of the 4th to 12th Centuries*. London: Octopus Books.

Billouet, Pierre. 나길래 역.『푸코 읽기』. 서울: 동문선, 2002.

Brooks, Peter. 이봉지 · 한애경 역.『육체와 예술』. 서울: 문학과지성사, 2000.

Brown, Peter. *The Cult of the Saints: Its Rise and Function in Latin Christianity*. Chicago: The University of Chicago Press, 1981.

──────. *The Body and Society: Men, Women, and Sexual Renunciation in Early Christianity*. New York: Columbia University Press, 1988.

Debray, Rĕgis. 정진국 역.『이미지의 삶과 죽음』. 서울: 시각과언어, 1994.

Durand, G. *Introduction á la Mythodologie*. Albin Michel, 1996.

Elsner, Jaś. *Art and the Roman Viewer: The Transformation of Art from the Pagan World to Christianity*. Cambridge: Cambridge University Press, 1995.

Ennen, E. 안상준 역,『도시로 본 중세유럽』. 서울: 도서출판 한울, 1997.

Freedberg, David. *The Power of Images: Studies in the History and Theory of Response*. Chicago: The University of Chicago, 1991.

Honour, Hugh and Fleming, John. *A World History of Art*. London: Laurence King Publishing, 1955.

Janson, H. W. *A History of Art*. New York: Harry N. Abrams, Inc. Publishers, 1966.

Joly, M. 이선형 역,『이미지와 기호』. 서울: 동문선, 2004.

Lowden, John. *Early Christian & Byzantine Art. London: Phaidon*

Press Limited, 1997.

Mathews, Thomas F. *The Clash of God: A Reinterpretation of Early Christian Art*. Princeton: Princeton University Press, 1999.

Menen, Obrey. 박은영 역,『예술가와 돈, 그 열정과 탐욕』. 서울: 열대림, 2004.

Ostrogorsky, G. 한정숙 · 김경연 옮김.『비잔티움제국사 324-1453』. 서울: 까치, 1999.

Panofsky, E. *Gothic Architecture and Scholasticism*. New York: The World Publishing Company, 1963.

Read, H. *Icon and Idea: The Function of Art in the Development of Human Consciousness*. London: Faber and Faber Limited, 1955.

Rice, D. T. 김지의 · 김화자 역,『비잔틴 세계의 미술』. 서울: 미진사, 1989.

Short, Ernest. *The House of God: A History of Religious Architecture*. London: Eyre & Spottiswoode, 1955.

Wilkins, David and Schultz, Bernard. *Art Past Art Present*. New York: Harry N. Abrams, Inc., Publishers, 1990.

남성현.『고대 기독교 예술사』. 파주: 한국학술정보(주), 2011.

이덕형.『비잔티움, 빛의 모자이크』. 서울: 성균관대학교 출판부, 2006.

이정구. "8세기 성화상(聖畵像)논쟁의 시대적 요인."『한국교회사학회지』 27집, 67-91, 2010.

6. 영성 개발을 위한 종교적 시각 이미지

교황청 전교기구 한국지부.「선교」13 (2002, 가을).

권명수. "행복의 신학적 이해: 창조 영성신학을 중심으로". 「목회와 상담」 11 (2008).

김승호. 『목회 윤리』. 대구: 하명출판, 2011.

김필진. "상담 및 심리치료에서 영성과 영성문제에 대한 이해와 통합적 접근". 「목회와 상담」 10 (2008).

뒤랑, 질베르. 진형준 옮김. 『상징적 상상력』. 서울: 문학과지성사, 1983.

──────. 『신화비평과 신화분석』. 윤평근 옮김. 서울: 살림, 1998.

레비, 피에르. 김동윤 외 옮김. 『사이버 문화』. 서울: 문예출판사, 2000.

망구엘, 알베르토. 강미경 옮김. 『나의 그림일기』. 서울: 세종서적, 2004.

볼노, 오토 프리드리히. 이기숙 옮김. 『인간과 공간』. 서울: 에코리브르, 2011.

야페, 아니엘라. 이희숙 옮김. 『미술과 상징』. 서울: 열화당, 1979.

엘리아데, 멀치아. 이동하 옮김. 『종교의 본질: 성과 속』. 서울: 학민사, 1983.

워커, 존 A. 정진국 옮김. 『대중매체시대의 예술』. 서울: 열화당, 1987.

──────. 임산 옮김. 『비주얼 컬처』. 서울: 루비박스, 2004.

융, 칼 G. "무의식에의 접근", 융, 칼 G. 외. 이윤기 옮김. 『인간과 상징』. 서울: 열린책들, 2004.

이정구. "8세기 성화상(聖畫像)논쟁의 시대적 요인". 「한국교회사학회지」 27 (2010), 67-91.

──────. "프로렙시스(prolepsis)를 향한 예배 공간 의 구성". 「한국기독교 신학논총」 73 (2011).

임성빈. "경계를 넘어서는 시선으로 초대". 「오늘」(2011. 9-10)

정재서. 『정재서 교수의 이야기 동양신화: 동양의 마음과 상상력 읽기 중국편』. 서울: 황금부엉이, 2004.

曹者祉·孫秉根 主篇. 『中國古代俑』. 上海: 上海文化出版社, 1998.

졸리, 마르틴. 이선형 옮김. 『이미지와 기호』. 서울: 동문선. 2004.

해리스, 리차드. 김혜련 옮김. 『현대인을 위한 신학적 미학』. 서울: 살림, 2003.

Benjamin, W. *Illuminations*. London: Fontana/Collins, 1973.

BesanÇon, Alain. Marie Todd, Jane (trans.). *The Forbidden Image: Intellectual History of Iconoclasm*. Chicago: The University of Chicago Press, 2000.

Ellens, J. Harold. *Sex in the Bible: A New Consideration*. CY: Praeger, 2006.

Janson, H. W. *A History of Art*, 9th. ed. New York: Harry N. Abrams, Inc. Publishers, 1966.

Langer, Susanne K. *Problems of Art*. New York: Charles Scribner's Sons, 1957.

Lee, Jeong-ku. *Architectural Theology in Korea*. Seoul: Dongyun, 2011.

Marsden Farrer, Austin. *The Glass of Vision: The Bampton Lectures 1948*. Westminster: Dacre Press, 1948.

Mitchell, W. J. T. *Iconology: Image, Text, Ideology*. Chicago: The University of Chicago, 1986.

van der Leeuw, Gerardus. *Sacred and Profane Beauty: The Holy in Art*. London: Weidenfeld and Nicolson, 1963.

7. 타자로서 그리스도 몸에 대한 이해

김승호.『목회윤리』. 대구: 하명출판, 2011.

드브레, 레지스. 정진국 역.『이미지의 삶과 죽음』. 서울: 시각과언어, 1994.

루시-스미스, 에드워드. 정유진 옮김.『남자를 보는 시선의 역사』. 서울: 개
　　마고원, 2005.

맥켄지, 존. 박홍규 외 옮김.『오리엔탈리즘: 예술과 역사』. 서울: 문화디자
　　인, 2006.

문병하. "고린도전서 8-11장에 나타난 주의 만찬에 관한 연구".「신학과 실
　　천」 26 (2011).

바흐찐, 미하일. 이덕형 · 최건영 옮김.『프랑수아 라블레의 작품과 중세 및
　　르네상스의 민중문화』. 서울: 아카넷, 2001.

브룩스, 피터. 이봉지 · 한애경 역.『육체와 예술』. 서울: 문학과지성사,
　　2000.

서동욱.『차이와 타자』. 서울: 문학과지성사, 2002.

세넷, 리차드 임동근 외 역.『살과 돌: 서구문명에서 육체와 도시』. 서울: 문
　　화과학사, 1999.

엄융의. "지놈 이후는 피지옴시대".「시론」. 중앙일보, 2002년 11월 4일, 7
　　면.

오먼, 조던. 이홍근 · 이영희 옮김.『가톨릭 전통과 그리스도교 영성』. 왜관:
　　분도출판사, 1998.

이정구.『교회 그림자 읽기』. 서울: 다산글방, 2011.

───. "교회 문의 상징적 의미". 인천가톨릭대학교 조형예술대학.『문』. 서
　　울: 학연문화사, 2011.

───. "예배공간에서 빛과 색에 관한 신학적 의미".「신학과 실천」 26

(2011).

인천가톨릭대학교 종교미술학부 편.『천사』. 서울: 학연문화사, 2007.

조기연. "예전과 음악의 관계성에 관한 한 연구".「신학과 실천」26 (2011).

주아노, 벵자맹. 신혜연 옮김.『얼굴, 감출 수 없는 내면의 지도』. 파주: 21세
기북스, 2011.

코스토프, 스피로. 양윤재 옮김.『역사로 본 도시의 모습』. 서울: 공간사,
2009.

크리스테바, 줄리아. "지오토의 즐거움". 노만 브라이슨 외. 김융희 · 양희은
옮김.『기호학과 시각예술』. 서울: 시각과 언어, 1998.

포티, 에이드리언. 허보윤 옮김.『욕망의 사물, 디자인의 사회사』. 서울, 일
빛, 2004.

피터슨, T. 구마. 매튜스, P. 이수경 옮김.『페미니즘 미술의 이해』. 서울: 시
각과언어, 1994.

Brown, Peter. *The Body and Society: Men, Women, and Sexual Renunciation in Early Christianity*. New Yok: Columbia University Press, 1988.

Deleuze, Gilles. Guattari, Felix/Massumi, Brian. (trans). *A Thousand Plateaus*. Minnesota: The University of Minnesota, 1987.

Froud Brian. *Good Faeries, Bad Faeries*. London: Pavilion Books, 1998.

Harding, Mike. *A Little Book of Gargoyles*. London: Aurum Press, 2000.

Heald, David. *Architecture of Silence: Cistercian Abbeys of France*. New York: Parabola Books, 2000.

Kirkup Gill (eds.). *The Gendered Cyborg: A Reader*. London: The Open University, 2000.

Poxon Judith. Mary Bryden (ed.). "Embodied anti-theology: The body without organs and the judgement of God". *Deleuze and Religion*. London: Routledge, 2001.

Trew, Crist Darlene. *American Gargoyles: Spirits in Stone*. New York: Clarkson Potter, 2001.

8. 세례반 신학

박성은.『기독교 미술사: 중세시대의 건축, 조각, 회화』. 서울: 대한기독교서회, 2008.

박종환 외 6인.『거룩한 상징: 예전 가구의 신학적인 이해』. 서울: 대한기독교서회, 2009.

웨일, 루이스. 김진섭 옮김.『전례신학』. 서울: 대한성공회 선교교육원, 2006.

이정구.『한국 교회 건축과 기독교 미술 탐사』. 서울: 동연, 2009.

_____.『교회 그림자 읽기』. 서울: 다산글방, 2011.

전창희. "예전적 설교: 말씀에 대한 예전적 접근".「신학과 실천」 26 (2011).

정정미. "예배 갱신에 대한 교육적 견해".「기독교교육 논총」 26 (2011).

주인돈.『온몸으로 드리는 예배』. 서울: 푸른솔, 2011.

쿨만, 오스카. 이선희 옮김.『원시기독교 예배』. 서울: 대한기독교서회, 1984.

홍순원. "기독교윤리의 예배학적 기초: 세례와 성만찬을 중심으로".「신학과 실천」 23 (2010).

Boyer, Mark G. *The Liturgical Environment: What the Documents Say?*. Collegeville: The Lituggical Press, 1990.

E. White, James & J. White, Susan. *Church Architecture: Building and Renovating for Christian Worship.* Akron: OSL Publications, 1998.

F. W. Dillistone. *Christianity and Symbolism.* Philadelphia: The Westminster Press, 1955.

Giles, Richard. *Re-Pitching the Tent: the definitive guide to re-ordering church buildings for worship and mission.* Norwich: Canterbury Press, 2004.

Hoffman, Lawrence A. *Meeting House Essays: Sacred Places and the Pilgrimage of Life.* Chicago: Liturgy Training Publications, 1991.

Joachim, J. *Infant Baptism in the First Four Centuries.* Eugene: Wipe & Stock Publishers, 2004.

Jung, Carl G. *The Integration of the Personality.* New York and Toronto: Farrar & Rinehart, Inc., 1939.

Macmullen, Ramsay. *The Second Church Popular Christianity A.D. 200-400.* Leiden: Brill, 2009.

Mauck, Marchita. *Places for Worship: A Guide to Building and Renovating.* Collegeville: The Liturgical Press, 1995.

McNorgan, David. *Preparing the Environment for Worship.* Collegeville: The Liturgical Press, 1997.

Micks, Marianne H. *The Phenomenon of Christian Worship: The Future Present.* New York: The Seabury Press, 1970.

Murray, Peter and Linda. *The Oxford Companion to Christian Art and Architecture.* Oxford: Oxford University Press, 1998.

National Conference of Catholic Bishops, Bishops' Committee on the Liturgy, *Environment and Art in Catholic Worship.* Chicago: Liturgy

Training Publications, 1993.

Ritter, Richard H. *The Arts of the Church*. Boston: The Pilgrim Press, 1947.

Vosko, Richard S. *Meeting House Essays: Designing Future Worship Spaces*. Chicago: Liturgy Training Publications, 1996.

White, James F. & White, Susan J. *Church Architecture: Building and Renovating for Christian Worship*. Akron: OSL Publications, 1998.

Wihl, Gary. *Ruskin and the Rhetoric of Infallibility*. New Haven: Yale University Press, 1985.

| 논문출처 |

관상과 해몽: 민중신학의 대중화를 위한 민중미술 읽기
　　성공회대학교 논총 제14호 (2000), 성공회대학교 출판부, 43-61.
3-5세기 그리스도 조상(彫像)과 불상 이미지
　　종교교육학연구 제33권 (2010. 6), 한국종교교육학회, 47-63.
8세기 성화상(聖畵像) 논쟁의 시대적 요인
　　한국교회사학회지 제27집 (2010. 11), 한국교회사학회, 67-91.
성화상에 대한 종교개혁가들의 태도
　　한국교회사학회지 제30권 (2011. 12), 한국교회사학회, 61-85.
세속 권력의 신성화: 이미지의 조작과 남용
　　민주사회와 정책연구 통권 21호 (2012 상반기), 248-268.
영성 개발을 위한 종교적 시각 이미지
　　목회와 상담 제17권 (2011 가을), 한국목회상담학회, 254-276.
타자(他者)로서 그리스도 몸에 대한 이해
　　신학과 실천 제26호 (2011 가을), 한국실천신학회, 607-624.
세례반 신학
　　신학과 실천 제27호 (2011 여름), 한국실천신학회, 7-27.

성상과 우상
그리스도교 이미지 담론

2012년 4월 30일 초판 1쇄 인쇄
2012년 5월 11일 초판 1쇄 발행

지은이 | 이정구
펴낸이 | 김영호
펴낸곳 | 도서출판 동연
기획 | 정진용 편집 | 조영균 디자인 | 이선희 관리 | 이영주
등록 제1-1383호(1992. 6. 12)
주소 | 서울시 마포구 망원2동 472-11 2층
전화 | (02)335-2630
전송 | (02)335-2640
이메일 ymedia@paran.com
홈페이지 www.y-media.co.kr

Copyright ⓒ 이정구, 2012

ISBN 978-89-6447-179-1 93200